GEORGE SAND ILLUSTRÉ PAR TONY JOHANNOT
ET MAURICE SAND

TEVERINO

PRÉFACE ET NOTICE NOUVELLE

Prix : 90 centimes

PARIS
MICHEL LÉVY FRÈRES, LIBRAIRES ÉDITEURS
2 BIS, RUE VIVIENNE, ET BOULEVARD DES ITALIENS, 15
A LA LIBRAIRIE NOUVELLE

LIBRAIRIE BLANCHARD ÉDITION J. HETZEL LIBRAIRIE MARESCQ ET Cie
RUE RICHELIEU, 78   5, RUE DU PONT-DE-LODI

TEVERINO

NOTICE

Teverino est une pure fantaisie dont chaque lecteur peut tirer la conclusion qu'il lui plaira. Je l'ai commencée à Paris, en 1845, et terminée à la campagne, sans aucun plan, sans aucun but que celui de peindre un caractère original, une destinée bizarre, qui peuvent paraître invraisemblables aux gens de haute condition, mais qui sont bien connus de quiconque a vécu avec des artistes de toutes les classes. Ces natures admirablement douées, qui ne savent ou ne veulent pas tirer parti de leurs riches facultés dans la société officielle, ne sont point rares, et cette indépendance, cette paresse, ce désintéressement exagérés, sont même la tendance propre aux gens trop favorisés de la nature. Les spécialités ouvrent et suivent avec acharnement la route exclusive qui leur convient. Il est des supériorités tout à fait opposées, qui, se sentant également capables de tous les développements, n'en poursuivent et n'en saisissent aucun. Ce que je me suis cru le droit de poétiser un peu dans *Teverino*, c'est l'excessive délicatesse des sentiments et la candeur de l'âme aux prises avec les expédients de la misère. Il ne faudrait pas prendre au pied de la lettre les paradoxes qui séduisent l'imagination de ce personnage, et croire que l'auteur a été assez pédant pour vouloir prouver que la perfection de l'âme est dans une liberté qui va jusqu'au désordre. La fantaisie ne peut rien prouver, et l'artiste qui se livre à une fantaisie pure ne doit prétendre à rien de semblable. Est-il donc nécessaire, avant de parler à l'imagination du lecteur, par un ouvrage d'imagination, de lui dire que certain type exceptionnel n'est pas un modèle qu'on lui propose? ce serait le supposer trop naïf, et il faudrait plutôt conseiller à ce lecteur de ne jamais lire de romans, car toute lecture de ce genre est pernicieuse à quiconque n'a rien d'arrêté dans le jugement ou dans la conscience.

On m'a reproché de peindre tantôt des caractères dangereux, tantôt des caractères impossibles à imiter; dans les deux cas j'ai prouvé apparemment que j'avais trop d'estime pour mes lecteurs. Qu'au lieu de s'en indigner ils la méritent. Voilà ce que je puis leur répondre de mieux.

Je ne défendrai ici que la possibilité, je ne dis pas la vraisemblance du caractère de *Teverino* : cette possibilité, beaucoup de gens pourraient se l'attester à eux-mêmes en consultant leurs propres souvenirs. Beaucoup de gens ont connu une espèce de *Teverino* mâle ou femelle dans le cours de leur vie. Il est vrai qu'en revanche, pour un de ces êtres privilégiés qui restent grands dans la vie de bohémien, il en est cent autres qui y contractent des vices incurables ; cette classe d'aventuriers est nombreuse dans la carrière des arts. Elle se dégrade plus souvent qu'elle ne s'élève ; mais les individus peuvent toujours s'élever, et même se *relever* quand ils ont du cœur et de l'intelligence. Cela, je le crois fermement pour tous les êtres humains, pour tous les égarements, pour tous les malheurs, et dans toutes les conditions de la vie. Il est bon de le leur dire, et c'est pour cela qu'il est bon d'y croire. Je ne m'en ferai donc jamais faute.

GEORGE SAND.

Nohant, mai 1852.

I.

VOGUE LA GALÈRE.

Exact au rendez-vous, Léonce quitta, avant le jour, l'*Hôtel des Étrangers*, et le soleil n'était pas encore levé lorsqu'il entra dans l'allée tournante et ombragée de la villa : les roues légères de sa jolie voiture allemande tracèrent à peine leur empreinte sur le sable fin qui amortissait également le bruit des pas de ses chevaux superbes. Mais il craignit d'avoir été trop matinal, en remarquant qu'aucune trace du même genre n'avait précédé la sienne, et qu'un silence profond régnait encore dans la demeure de l'élégante lady.

Il mit pied à terre devant le perron orné de fleurs, ordonna à son jockey de conduire la voiture dans la cour, et, après s'être assuré que les portes de cristal à châssis dorés du rez-de-chaussée étaient encore closes, il s'avança sous la fenêtre de Sabina, et fredonna à demi-voix l'air du *Barbier* :

> Ecco ridente il cielo,
> Già spunta la bella aurora...
> ... E puoi dormir cosi?

Peu d'instants après la fenêtre s'ouvrit, et Sabina, enveloppée d'un burnous de cachemire blanc, souleva un coin de la tendine et lui parla ainsi d'un air affectueusement nonchalant :

« Je vois, mon ami, que vous n'avez pas reçu mon billet d'hier soir, et que vous ne savez pas ce qui nous arrive. La duchesse a des vapeurs et ne permet point à ses amants de se promener sans elle. La marquise doit avoir eu une querelle de ménage, car elle se dit malade. Le comte l'est pour tout de bon ; le docteur a affaire, si bien que tout le monde me manque de parole et me prie de remettre à la semaine prochaine notre projet de promenade.

— Ainsi, faute d'avoir reçu votre avertissement, j'arrive fort mal à propos, dit Léonce, et je me conduis comme un provincial en venant troubler votre sommeil. Je suis si humilié de ma gaucherie, que je ne trouve rien à dire pour me la faire pardonner.

— Ne vous la reprochez pas ; je ne dormais plus depuis longtemps. Le caprice de toutes ces dames m'avait causé tant d'humeur hier soir, qu'après avoir jeté au feu leurs sots billets, je me suis couchée de fort bonne heure, et endormie de rage. Je suis fort aise de vous voir, il me tardait de trouver quelqu'un avec qui je pusse maudire les projets d'amusement et les parties de campagne, les gens du monde et les jolies femmes.

— Eh bien ! vous me maudirez seule, car, en ce moment, je les bénis du fond de l'âme. »

Et Léonce, penché sur le bord de la fenêtre où s'accoudait Sabina, fut tenté de prendre une de ses belles mains blanches ; mais l'air tranquillement railleur de cette noble personne l'en empêcha, et il se contenta d'attacher sur son bras superbe, que le burnous laissait à demi nu, un regard très-significatif.

— Léonce, répondit-elle en croisant son burnous avec une grâce dédaigneuse, si vous me dites des fadeurs, je vous ferme ma fenêtre au nez et je retourne dormir. Rien ne fait dormir comme l'ennui ; je l'éprouve surtout depuis quelque temps, et je crois que si cela continue, je n'aurai plus d'autre parti à prendre que de consacrer ma vie à l'entretien de ma fraîcheur et de mon embonpoint, comme fait la duchesse. Mais tenez, soyez aimable, et appliquez-vous, de votre côté, à entretenir votre esprit et votre bon goût accoutumés. Si vous voulez me promettre d'observer nos conventions, nous pouvons passer la matinée plus agréablement que nous ne l'eussions fait avec cette brillante société.

— Qu'à cela ne tienne ! Sortez de votre sanctuaire et venez voir lever le soleil dans le parc.

— Oh, le parc ! il est joli, j'en conviens, mais c'est une ressource que je veux me conserver pour les jours où j'ai d'ennuyeuses visites à subir. Je les promène, et je jouis de la beauté de cette résidence, au lieu d'écouter de sots discours que j'ai pourtant l'air d'entendre. Voilà pourquoi je ne veux pas me blaser sur les agréments de ce séjour. Savez-vous que je regrette beaucoup de l'avoir loué pour trois mois ? il n'y a que huit jours que j'y suis, et je m'ennuie déjà mortellement du pays et du voisinage.

— Grand merci ! dois-je me retirer ?

— Pourquoi feindre cette susceptibilité ? Vous savez bien que je vous excepte toujours de mon anathème contre les gens humain. Nous sommes de vieux amis, et nous le serons toujours, si nous avons la sagesse de persister à nous aimer modérément comme vous me l'avez promis.

— Oui, le vieux proverbe : « s'aimer peu à la fois, afin de s'aimer longtemps. » Mais voyons, vous me promettez une bonne matinée, et vous me menacez de fermer votre fenêtre au premier mot qui vous déplaira. Je ne trouve pas ma position agréable, je vous le déclare, et je ne respirerai à l'aise que quand vous serez sortie de votre forteresse.

— Eh bien, vous allez me donner une heure pour m'habiller ; pendant ce temps, on vous servira un déjeuner sous le berceau. J'irai prendre le thé avec vous, et puis nous imaginerons quelque chose pour passer gaiement la matinée.

— Voulez-vous m'entendre, Sabina ? laissez-moi imaginer tout seul, car, si vous vous en mêlez, nous passerons la journée, moi à vous proposer toutes sortes d'amusements, et vous à me prouver qu'ils sont tous stupides et tous ennuyeux les uns que les autres. Croyez-moi, faites votre toilette en une demi-heure, ne déjeunons pas ici, et laissez-moi vous emmener où je voudrai.

— Ah ! vous touchez la corde magique, l'inconnu ! Je vois, Léonce, que vous seul me comprenez. Eh bien, oui, j'accepte ; enlevez-moi et partons.

Lady G... prononça ces derniers mots avec un sourire et un regard qui firent frissonner Léonce. — O la plus froide des femmes ! s'écria-t-il avec un enjouement mêlé d'amertume, je vous connais bien, en effet, et je sais que votre unique passion, c'est d'échapper aux passions humaines. Eh bien ! votre froideur me gagne, et je vais oublier tout ce qui pourrait me distraire du seul but que nous avons à nous proposer, la fantaisie !

— Vous m'assurez donc que je ne m'ennuierai pas aujourd'hui avec vous ? Oh ! vous êtes le meilleur des hommes. Tenez, je ressens déjà l'effet de votre promesse, comme les malades qui se trouvent soulagés par la vue du médecin, et qui sont guéris d'avance par la certitude qu'il affecte de les guérir. Allons, je vous obéis, docteur improvisé, docteur subtil, docteur admirable ! Je m'habille à la hâte, nous partons à jeun, et nous allons... où bon vous semblera... Quel équipage dois-je commander ?

— Aucun, vous ne vous mêlerez de rien, vous ne saurez rien ; c'est moi qui prévois et commande, puisque c'est moi qui invente.

— A la bonne heure, c'est charmant ! s'écria-t-elle ; et, refermant sa fenêtre, elle alla sonner ses femmes ;

qui bientôt abaissèrent un lourd rideau de damas bleu entre elle et les regards de Léonce. Il alla donner quelques ordres, puis revint s'asseoir non loin de la fenêtre de Sabina, au pied d'une statue, et se prit à rêver.

— Eh bien! s'écria lady G... au bout d'une demi-heure, en lui frappant légèrement sur l'épaule, vous n'êtes pas plus occupé de notre départ que cela? vous me promettez des inventions merveilleuses, des surprises inouïes, et vous êtes là à méditer sur la statuaire comme un homme qui n'a encore rien trouvé?

— Tout est prêt, dit Léonce en se levant et en passant le bras de Sabina sous le sien. Ma voiture vous attend et j'ai trouvé des choses admirables.

— Est-ce que nous nous en allons comme cela tête à tête? observa lady G...

« Voilà un mouvement de coquetterie dont je ne la croyais pas capable, pensa Léonce. Eh bien! je n'en profiterai pas. »

— Nous emmenons la négresse, répondit-il.

— Pourquoi la négresse? dit Sabina.

— Parce qu'elle plaît à mon jockey. A son âge toutes les femmes sont blanches, et il ne faut pas que nos compagnons de voyage s'ennuient, autrement ils nous ennuieraient.

Peu d'instants après, le jockey avait reçu les instructions de son maître, sans que Sabina les entendît. La négresse, armée d'un large parasol blanc, souriait à ses côtés, assise sur le siège large et bas du char-à-bancs. Lady G... était nonchalamment étendue dans le fond, et Léonce, placé respectueusement en face d'elle, regardait le paysage en silence; ses chevaux allaient comme le vent.

C'était la première fois que Sabina se hasardait avec Léonce dans un tête-à-tête qui pouvait être plus long et plus complet qu'elle ne s'en était embarrassée d'abord. Malgré le projet de simple promenade, et la présence de ces jeunes serviteurs qui leur tournaient le dos et causaient trop gaiement ensemble pour songer à écouter leur entretien, Sabina sentit qu'elle était trop jeune pour que cette situation ne ressemblât pas à une étourderie; elle y songea lorsqu'elle eut franchi la dernière grille du parc.

Mais Léonce paraissait si peu disposé à prendre avantage de son rôle, il était si sérieux, et si absorbé par le lever du soleil, qui commençait à montrer ses splendeurs, qu'elle n'osa pas témoigner son embarras, et crut devoir, au contraire, le surmonter pour paraître aussi tranquille que lui.

Ils suivaient une route escarpée d'où l'on découvrait toute l'enceinte de la verdoyante vallée, le cours des torrents, les montagnes couronnées de neiges éternelles, que les premiers rayons du soleil teignaient de pourpre et d'or.

— C'est sublime! dit enfin Sabina, répondant à une exclamation de Léonce; mais savez-vous qu'à propos du soleil, je pense, malgré moi, à mon mari?

— A propos, en effet, dit Léonce, où est-il?

— Mais il est à la villa; il dort.

— Et se réveille-t-il de bonne heure?

— C'est selon. Lord G... est plus ou moins matinal, selon la quantité de vin qu'il a bue et de thé souper. Et comment puis-je le savoir, puisque je me suis soumise à cette règle anglaise, si bien inventée pour empêcher les femmes de modérer l'intempérance des hommes!

— Mais le terme moyen?

— Midi. Nous serons rentrés à cette heure-là?

— Je l'ignore, Madame; cela ne dépend pas de votre volonté.

— Vrai! J'aime à vous entendre plaisanter ainsi; cela flatte mon désir de l'inconnu. Mais sérieusement, Léonce?

— Très-sérieusement, Sabina, je ne sais pas à quelle heure vous rentrerez. J'ai été autorisé par vous à régler l'emploi de votre journée.

— Non pas! de ma matinée seulement.

— Pardon! Vous n'avez pas limité la durée de votre promenade, et, dans mes projets, je ne me suis pas désisté du droit d'inventer à mesure que l'inspiration viendrait me saisir. Si vous mettez un frein à mon génie, je ne réponds plus de rien.

— Qu'est-ce à dire?

— Que je vous abandonnerai à votre ennemi mortel, à l'ennui.

— Quelle tyrannie! Mais enfin, si, par un hasard étrange, lord G... a été sobre hier soir?...

— Avec qui a-t-il soupé?

— Avec lord H..., avec M. D..., avec sir J..., enfin, avec une demi-douzaine de ses chers compatriotes.

— En ce cas, soyez tranquille, il fera le tour du cadran.

— Mais si vous vous trompez?

— Ah! Madame, si vous doutez déjà de la Providence, c'est-à-dire de moi, qui veille aujourd'hui à la place de Dieu sur vos destinées, si la foi vous manque, si vous regardez en arrière et en avant, l'instant présent nous échappe et avec lui ma toute-puissance.

— Vous avez raison, Léonce; je laisse éteindre mon imagination par ces souvenirs de la vie réelle. Allons! que lord G... s'éveille à l'heure qu'il voudra; qu'il demande où je suis; qu'il sache que je cours les champs avec vous, qu'importe?

— D'abord il n'est pas jaloux de moi.

— Il n'est jaloux de personne. Mais les convenances, mais la pruderie britannique!

— Que fera-t-il de pis?

— Il maudira le jour où il s'est mis en tête d'épouser une Française, et, pendant trois heures au moins, il saisira toute occasion de préconiser les charmes des grandes poupées d'Albion. Il murmurera entre ses dents que l'Angleterre est la première nation de l'univers; que la nôtre est une nation de fous; que lord Wellington est supérieur à Napoléon, et que les docks de Londres sont mieux bâtis que les palais de Venise.

— Est-ce là tout?

— N'est-ce pas assez? Le moyen d'entendre dire de pareilles choses sans le railler et le contredire!

— Et qu'arrive-t-il quand vous rompez le silence du dédain?

— Il va souper avec lord H..., avec sir J..., avec M. D..., après quoi il dort vingt-quatre heures.

— L'avez-vous contrarié hier?

— Beaucoup. Je lui ai dit que son cheval anglais avait l'air bête.

— En ce cas, soyez donc tranquille, il dormira jusqu'à ce soir.

— Vous en répondez?

— Je l'ordonne.

— Eh bien, vivat! que ses esprits reposent en paix, et que le mariage lui soit léger! Savez-vous, Léonce, que c'est un joug affreux que celui-là?

— Oui, il y a des maris qui battent leur femme.

— Ce n'est rien; il y en a d'autres qui les font périr d'ennui.

— Est-ce donc là toute la cause de votre spleen? Je ne le crois pas, milady.

— Oh! ne m'appelez pas Milady! Je me figure alors que je suis Anglaise. C'est bien assez qu'on veuille me persuader, quand je suis en Angleterre, que mon mari m'a dénationalisée.

— Mais vous ne répondez à ma question, Sabina?

— Eh! que puis-je répondre? Sais-je la cause de mon mal?

— Voulez-vous que je vous la dise?

— Vous me l'avez dite cent fois, n'y revenons pas inutilement.

— Pardon, pardon, Madame. Vous m'avez traité de docteur subtil, admirable, vous m'avez investi du droit de vous guérir, ne fût-ce que pour un jour...

— De me guérir en m'amusant, et ce que vous allez me dire m'ennuiera, je le sais.

— Inutile défaite d'une pudeur qu'un tendre soupirant trouverait charmante, mais que votre grave médecin trouve souverainement puérile!

— Eh bien, si vous êtes cassant et brutal, je vous aime mieux ainsi. Parlez donc.

— L'absence d'amour vous exaspère, votre ennui est l'impatience et non le dégoût de vivre, votre fierté exagérée trahit une faiblesse incroyable. Il faut aimer, Sabina.

— Vous parlez d'aimer comme de boire un verre d'eau. Est-ce ma faute, si personne ne me plaît?

— Oui, c'est votre faute! Votre esprit a pris un mauvais tour, votre caractère s'est aigri, vous avez caressé votre amour-propre, et vous vous estimez si haut désormais que personne ne vous semble digne de vous. Vous trouvez que je vous dis de grandes duretés, n'est-ce pas? Aimeriez-vous mieux des fadeurs?

— Oh! je vous trouve charmant aujourd'hui, au contraire! s'écria en riant lady G... sur le beau visage de laquelle un peu d'humeur avait cependant passé. Eh bien, laissez-moi me justifier, et citez-moi quelqu'un qui me donne tort. Je trouve tous les hommes que le monde jette autour de moi ou vains et stupides, ou intelligents et glacés. J'ai pitié des uns, j'ai peur des autres.

— Vous n'avez pas tort. Pourquoi ne cherchez-vous pas hors du monde?

— Est-ce qu'une femme peut chercher? Fi donc!

— Mais on peut se promener quelquefois, rencontrer, et ne pas trop fuir.

— Non, on ne peut pas se promener hors du monde, le monde vous suit partout, quand on est du grand monde. Et puis, qu'y a-t-il hors du monde? des bourgeois, race vulgaire et insolente; du peuple, race abrutie et malpropre; des artistes, race ambitieuse et profondément égoïste. Tout cela ne vaut pas mieux que nous, Léonce. Et puis, si vous voulez que je me confesse, je vous dirai que je crois un peu à l'excellence de notre sang patricien. Si tout n'était pas dégénéré et corrompu dans le genre humain, c'est encore là qu'il faudrait espérer de trouver des types élevés et des natures d'élite. Je ne nie pas les transformations de l'avenir, mais jusqu'ici je vois encore le sceau du vasselage sur tous ces fronts récemment affranchis. Je ne hais ni ne méprise, ne crains pas non plus cette race qui va, dit-on, nous chasser; j'y consens. Je pourrais avoir de l'estime, du respect et de l'amitié pour certains plébéiens; mais mon amour est une fleur délicate qui ne croît pas dans le premier terrain venu; j'ai des nerfs de marquise; je ne saurais me changer ni me maniérer. Plus j'accepte l'égalité future, moins je me sens capable de chérir et de caresser ce que l'inégalité a souillé dans le passé. Voilà toute ma théorie, Léonce, vous n'avez donc pas lieu de me prêcher. Voulez-vous que je me fasse sœur de charité? Je ne demande pas mieux que de surmonter mes dégoûts en vue de la charité; mais vous voulez que je cherche le bonheur de l'amour, là où je ne vois à pratiquer que l'immolation de la pénitence!

— Je ne vous prêcherai rien, Sabina; je ne vaux ni mieux ni moins que vous; seulement, je crois avoir un instinct plus chaud, un désir plus ardent de la dignité de l'homme, et cette ardeur vraie est venue le jour où je me suis senti artiste. Depuis ce jour le genre humain m'est apparu, non pas partagé en castes diverses, mais semé de types supérieurs par eux-mêmes. Je ne crois donc pas l'habitude assez influente sur les âmes, assez destructive du pouvoir divin, pour avoir flétri à jamais la postérité des esclaves. Quand il plaît à Dieu que la Fornarina soit belle, et que Raphaël ait du génie, ils s'aiment sans se demander le nom de leurs aïeux. La beauté de l'âme et du corps, voilà ce qui est noble et respectable; et, pour être sortie d'une ronce, la fleur de l'églantier n'est pas moins suave et moins charmante.

— Oui, mais pour aller la respirer, il faut vous déchirer dans de sauvages buissons. Et puis, Léonce, nous ne pouvons pas voir de même la beauté idéale. Vous êtes homme et artiste, c'est-à-dire que vous avez un sentiment à la fois plus matériel et plus exalté de la forme; votre art est matérialiste. C'est le divin Raphaël épris de la robuste Fornarina. Eh bien, oui! la maîtresse du Titien me paraît aussi une belle grosse femme sensuelle, nullement idéale..... Nous autres patriciennes, nous ne concevons pas... Mais, grand Dieu! voici un équipage qui vient à nous, et qui ressemble tout à fait à celui de la marquise!

— Et c'est elle-même avec le jeune docteur!

— Voyez, Léonce, voici une femme plus facile à satisfaire que moi! Nous allons surprendre une intrigue. Elle se faisait passer pour malade, et la voilà qui se promène avec...

— Avec son médecin, comme vous avec le vôtre, Madame. Elle s'amuse par ordonnance.

— Oui, mais vous n'êtes que le médecin de mon âme...

— Vous êtes cruelle, Sabina! que savez-vous si ce beau jeune homme ne s'adresse pas plutôt à son cœur qu'à ses sens?... Et si elle pensait aussi mal de vous, ne serait-elle pas profondément injuste, puisque moi, qui suis en tête-à-tête avec vous, je ne m'adresse ni à votre cœur, ni...

— Juste ciel! Léonce! vous m'y faites penser. Elle est méchante, elle a besoin de se justifier par l'exemple des autres... elle va passer près de nous. Elle est hardie; au lieu de se cacher elle va nous observer, me reconnaître... c'est peut-être déjà fait!

— Non, Madame, répondit Léonce, votre voile est baissé, et elle est encore loin; d'ailleurs... prends à gauche, le chemin de Sainte-Apollinaire! cria-t-il au jockey qui lui servait de cocher, et qui conduisait avec vitesse et résolution.

Le wurst s'enfonça dans un chemin étroit et couvert, et la calèche de la marquise passa, peu de minutes après, sur la grande route.

— Vous voyez, Madame, dit Léonce, que la Providence veille sur vous aujourd'hui, et qu'elle s'est incarnée en moi. Il faut faire souvent un long trajet dans ces montagnes pour trouver un chemin praticable aux voitures, aboutissant à la rampe, et il s'en est ouvert un comme par miracle au moment où vous avez désiré de fuir.

— C'est si merveilleux, en effet, répondit lady G... en souriant, que je pense que vous l'avez ouvert et frayé d'un coup de baguette. Oui, c'est un enchantement! Les belles haies fleuries et les nobles ombrages! J'admire que vous avez songé à tout, même à nous donner ici l'ombre et les fleurs qui nous manquaient lorsque nous suivions la rampe. Ces châtaigniers centenaires que vous avez plantés là sont magnifiques. On voit bien, Léonce, que vous êtes un grand artiste, et que vous ne pouvez pas créer à demi.

— Vous dites des choses charmantes, Sabina, mais vous êtes pâle comme la mort! Quelle crainte vous a donc causée l'opinion! quelle terreur vous a causée cette rencontre et ce danger d'un soupçon! Je ne me serais jamais douté qu'une personne aussi forte et aussi fière fût aussi timide!

— On ne se connaît qu'à la campagne, disent les gens du monde. Cela veut dire que l'on ne se connaît que dans le tête-à-tête. Ainsi, Léonce, nous allons ce matin nous découvrir mutuellement beaucoup de qualités et beaucoup de défauts que nous n'avions encore jamais aperçus l'un chez l'autre. Ma timidité est vertu ou faiblesse, je l'ignore.

— C'est faiblesse.

— Et vous méprisez cela?

— Je le blâmerai peut-être. J'y trouverai tout au moins l'explication de ce raffinement de goûts, de cette habitude de dédains exquis dont vous me parliez tout à l'heure. Vous ne vous rendez peut-être pas bien compte de vous-même. Vous attribuez peut-être trop à la délicatesse exagérée de vos perceptions aristocratiques ce qui n'est en réalité que la peur du blâme et des railleries de vos pareils.

— Mes pareils sont les vôtres aussi, Léonce; n'avez-vous donc aucun souci de l'opinion? Voudriez-vous que je fisse un choix dont j'eusse à rougir. Ce serait bizarre.

— Ce serait par trop bizarre, et je n'y songe point. Mais une hardiesse d'indépendance plus prononcée me paraîtrait pour vous une ressource précieuse, et je vois que vous ne l'avez pas. Il n'est plus question ici de choisir dans une sphère ou dans l'autre, je dis seulement qu'en général, quelque choix que vous fassiez, vous serez plus occupée du jugement qu'on en portera autour de vous que des jouissances que vous en retirerez pour votre compte personnel.

— Je n'en crois rien, et ceci passe la limite des vérités dures, Léonce ; c'est une taquinerie méchante, un système de malveillantes inculpations.

— Voilà que nous commençons à nous quereller, dit Léonce. Tout va bien, si je réussis à vous irriter contre moi ; j'aurai au moins écarté l'ennui.

— Si la marquise entendait notre conversation, dit Sabina en reprenant sa gaieté, elle n'y trouverait pas à mordre, je présume ?

— Mais comme elle ne l'entend pas et que nous pouvons faire d'autres rencontres, il est bon que nous rompions davantage notre tête-à-tête, et que nous nous entourions de quelques compagnons de voyage.

— Est-ce qu'à votre tour, vous prenez de l'humeur, Léonce ?

— Nullement ; mais il entre dans mes desseins que vous ayez un chaperon plus respectable que moi ; je le vois qui vient à ma rencontre. Le destin l'amène en ce lieu, sinon mon pouvoir magique.

Sur un signe de son maître, le jockey arrêta ses chevaux. Léonce sauta lestement à terre et courut au-devant du curé de Sainte-Apollinaire, qui marchait gravement à l'entrée de son village, un bréviaire à la main.

II.

ADVIENNE QUE POURRA.

— Monsieur le curé, dit Léonce, je suis au désespoir de vous déranger. Je sais que quand le prêtre est interrompu dans la lecture de son bréviaire, il est forcé de la recommencer, fût-il à l'avant-dernière page. Mais je vois avec plaisir que vous n'en êtes encore qu'à la seconde, et le motif qui m'amène auprès de vous est d'une telle urgence, que je me recommande à votre charité pour excuser mon indiscrétion.

Le curé fit un soupir, ferma son bréviaire, ôta ses lunettes, et, levant sur Léonce de gros yeux bleus qui ne manquaient pas d'intelligence :

— A qui ai-je l'honneur de parler ? dit-il.

— A un jeune homme rempli de sincérité, répondit gravement Léonce, et qui vient vous soumettre un cas fort délicat. Ce matin, j'ai persuadé très-innocemment à une jeune dame, que vous pouvez apercevoir là-bas en voiture découverte, de faire une promenade avec moi dans vos belles montagnes. Nous sommes étrangers tous deux aux usages du pays ; nos sentiments l'un pour l'autre sont ceux d'une amitié fraternelle ; la dame mérite toute considération et tout respect ; mais un scrupule lui est venu en chemin, et j'ai dû m'y soumettre. Elle dit que les habitants de la contrée, à la voir courir seule avec un jeune homme, pourraient gloser sur son compte, et la crainte d'être une cause de scandale est devenue si vive dans son esprit que j'ai regardé comme un coup du ciel l'heureux hasard de votre rencontre. Je me suis donc déterminé à vous demander la faveur de votre société pour une ou deux heures de promenade, ou tout au moins pour la reconduire avec moi à sa demeure. Vous êtes si bon, que vous ne voudrez pas priver une aimable personne d'une partie de plaisir vraiment édifiante, puisqu'il s'agit surtout pour nous de glorifier l'Eternel dans la contemplation de son œuvre, la belle nature.

— Mais, Monsieur, dit le curé qui montrait un peu de méfiance et qui regardait attentivement la voiture, vous n'êtes point seul ; vous avez avec vous deux autres personnes.

— Ce sont nos domestiques, qu'un sentiment instinctif des convenances nous a engagé à emmener.

— Eh bien, alors, je ne vois pas ce que vous pouvez craindre des méchantes langues. On ne fait point le mal devant des serviteurs.

— La présence des domestiques ne compte pas dans l'esprit des gens du monde.

— C'est par trop de mépris des gens qui sont nos frères.

— Vous parlez dignement, monsieur le curé, et je suis de votre opinion. Mais vous conviendrez que, placés comme les voilà sur le siège de la voiture, on pourrait supposer que je tiens à cette dame des discours trop tendres, que je peux lui prendre et lui baiser la main à la dérobée.

Le curé fit un geste d'effroi, mais c'était pour la forme ; son visage ne trahit aucune émotion. Il avait passé l'âge où de brûlantes pensées tourmentent le prêtre. Ou bien possible est qu'il ne se fût pas abstenu toujours au point de haïr la vie et de condamner le bonheur. Léonce se divertit à voir combien ses prétendus scrupules lui semblaient puérils.

— Si ce n'est que cela, repartit le bonhomme, vous pouvez placer *la noire* dans la voiture entre vous deux. Sa présence mettra en fuite le démon de la médisance.

— Ce n'est guère l'usage, dit le jeune homme embarrassé de la judiciaire du vieux prêtre. Cela semblerait affecté. Le danger est donc bien grand, penseraient les méchants, puisqu'ils sont forcés de mettre entre eux une vilaine négresse ? Au lieu que la présence d'un prêtre sanctifie tout. Un digne pasteur comme vous est l'ami naturel de tous les fidèles, et chacun doit comprendre que l'on recherche sa société.

— Vous êtes fort aimable, mon cher Monsieur, et je ne demanderais qu'à vous obliger, répondit le curé, flatté et séduit peu à peu ; mais je n'ai pas encore dit ma messe, et voici le premier coup qui sonne. Donnez-moi vingt minutes... ou plutôt venez entendre la messe. Ce n'est pas obligatoire dans la semaine, mais cela ne peut jamais faire de mal ; après cela vous me permettrez de déjeuner, et nous irons ensuite faire un tour de promenade ensemble si vous le désirez.

— Nous entendrons la messe, répondit Léonce ; mais aussitôt après, nous vous emmènerons déjeuner avec nous dans la campagne.

— Vous y déjeunerez fort mal, observa vivement le curé, à qui cette idée parut plus sérieuse que tout ce qui avait précédé. On ne trouve rien qui vaille dans ce pays aussi pauvre que pittoresque.

— Nous avons d'excellent vin et des vivres assez recherchés dans la caisse de la voiture, reprit Léonce. Nous avions donné rendez-vous à plusieurs personnes pour aller manger sur l'herbe, et chacun de nous devait porter une part du festin. Mais comme toutes ont manqué de parole, excepté moi, il se trouve que je suis assez bien pourvu pour le petit nombre de convives que nous sommes.

— A la bonne heure, dit le curé, tout à fait décidé. Je vois que vous aviez une jolie partie en train, et que sans moi elle serait troublée par l'embarras de ce dangereux tête-à-tête. Je ne veux pas vous la faire manquer, j'irai avec vous, pourvu que ce ne soit pas trop loin ; car je ne manque pas d'affaires ici. Il plaît à l'un de naître, à l'autre de mourir, et c'est tous les jours à recommencer. Allons, avertissez *votre* dame ; je cours à mon église.

— Et bien, donc, dit Sabina, qui, en attendant le retour de Léonce, avait pris un livre dans la poche de la voiture et feuilletait *Wilhelm-Meister* ; j'ai cru que vous m'aviez oubliée, et je m'en consolais avec cet adorable conte.

— Je l'avais apporté pour vous, dit Léonce ; je savais que vous ne le connaissiez pas encore, et que c'était la lecture qu'il vous fallait pour le moment.

— Vous avez des attentions charmantes. Mais que faisons-nous ?

— Nous allons à la messe.

— L'étrange idée ! Est-ce en me faisant faire mon salut que vous comptez me divertir ?

— Il vous est interdit de scruter mes pensées et de deviner mes intentions. Du moment où je ne porterais plus votre inconnu dans mon cerveau, vous ne me laisseriez rien achever de ce que j'aurais entrepris.

— C'est vrai. Allons donc à la messe ; mais que vouliez-vous faire de ce curé ?
— Eh quoi, toujours des questions, quand vous savez que l'oracle doit être muet ?
— Vos bizarreries commencent à m'intéresser. Est-ce qu'il ne m'est pas même permis de chercher à comprendre ?
— Parfaitement, je ne risque point d'être deviné.

Le wurst traversa le hameau et s'arrêta devant l'église rustique. Elle était ordinairement presque déserte aux messes de la semaine, mais elle se remplit de femmes et d'enfants curieux dès que les deux nobles voyageurs y furent entrés. Cependant le plus grand nombre retourna bientôt sous le porche pour admirer les chevaux, toucher la voiture, et surtout contempler la négresse, qui leur causait un étonnement mêlé d'ironie et d'effroi.

Le sacristain vint placer Sabina et Léonce dans le banc d'honneur. L'air des montagnes est si vif, que le curé avait déjà faim et ne traînait pas sa messe en longueur.

Lady G... avait pris du bout des doigts un missel respectable parmi d'autres bouquins de dévotion épars sur le prie-Dieu. Elle paraissait fort recueillie ; mais Léonce s'aperçut bientôt qu'elle tenait toujours *Wilhelm-Meister* sous son châle, qu'elle le glissait peu à peu sur le missel ouvert devant elle, et enfin qu'elle le lisait avidement pendant le *confiteor*.

Lui, s'agenouilla près d'elle à l'élévation, et lui dit tout bas : — Je gage que ce pasteur naïf et ces bonnes gens qui vous regardent sont édifiés de votre piété, Sabina ! Mais moi, je me dis que vous respectez les apparences d'une religion à laquelle vous ne croyez plus.

Elle ne lui répondit qu'en lui montrant du doigt le mot *pédant* qui se retrouve en plusieurs endroits de *Wilhelm-Meister*, à propos d'un des personnages de la troupe vagabonde.

— Vous savez bien que je ne suis pas dévote, lui dit-elle après la messe, en parcourant avec lui la nef bordée de petites chapelles ; j'ai la religion de mon temps.
— C'est-à-dire que vous n'en avez pas ?
— Je crois qu'au contraire aucune époque n'a été plus religieuse, en ce sens que les esprits élevés luttent contre le passé, et aspirent vers l'avenir. Mais le présent ne peut s'abriter sous aucun temple. Pourquoi m'avez-vous fait entrer dans celui-ci ?
— N'allez-vous pas à la messe le dimanche ?
— C'est une affaire de convenance, et pour ne pas jouer le rôle d'esprit fort. Le dimanche est d'obligation religieuse, par conséquent d'usage mondain.
— Hélas ! vous êtes hypocrite.
— De religion ? Non pas. Je ne cache à personne que j'obéis à une coutume.
— Vous vous êtes fait un dieu de ce monde profane, et vous le trouvez plus facile à servir.
— Léonce, seriez-vous dévot ? dit-elle en le regardant.
— Je suis artiste, répondit-il ; je sens partout la présence de Dieu, même devant ces grossières images du moyen âge, qui font ressembler le lieu où nous sommes à quelque pagode barbare.
— Vous êtes plus impie que moi : ces fétiches affreux, ces *ex-voto* cyniques me font peur.
— Je vois, le passé vous fait encore effroi ; il vous gâte le présent. Que ne comprenez-vous l'avenir ? Vous seriez dans l'idéal.
— Tenez, artiste, regardez ! lui dit Sabina en attirant son attention sur une figure agenouillée sur le pavé, dans la profondeur sombre d'une chapelle funéraire.

C'était une jeune fille, presque un enfant, pauvrement vêtue, quoique avec propreté. Elle n'était pas jolie, mais sa figure avait une expression saisissante, et son attitude une noblesse singulière. Un rayon de soleil, égaré dans cette cave humide où elle priait, tombait sur sa nuque rosée et sur une magnifique tresse de cheveux d'un blond pâle, presque blanchâtre, roulée et serrée autour d'un petit béguin de velours rouge brodé d'or fané et garni de dentelle noire, à la mode du pays. Elle était haute en couleur, malgré le ton fade de sa chevelure. Le bleu tranché de ses yeux paraissait plus brillant sous ses longs cils d'or mat tirant sur l'argent. Son profil trop court avait des courbes d'une finesse et d'une énergie extraordinaires.

— Allons, Léonce, ne vous oubliez pas trop à la regarder, dit Sabina à son compagnon, qui était comme pétrifié devant la villageoise ; c'est de moi seule qu'il faut être occupé aujourd'hui ; si vous avez une distraction, je suis perdue, je m'ennuie.

— Je ne pense qu'à vous en la regardant. Regardez-la aussi. Il faut que vous compreniez cela.
— Cela ? c'est la foi aveugle et stupide, c'est le passé qui vit encore ; c'est le peuple. C'est curieux pour l'artiste, mais moi je suis poète, et il me faut plus que l'étrange, il me faut le beau. Cette petite est laide.
— C'est que vous n'y comprenez rien. Elle est belle selon le type rare auquel elle appartient.
— Type d'Albinos.
— Non ! c'est la couleur de Rubens, avec l'expression austère des vierges du Bas-Empire. Et l'attitude ?
— Est raide comme le dessin des maîtres primitifs. Vous aimez cela ?
— Cela a sa grâce, parce que c'est naïf et imprévu. La Madeleine de Canova pose, les vierges de la Renaissance savent qu'elles sont belles ; les modèles primitifs sont tout d'un jet, tout d'une pièce, on pourrait dire tout d'une venue, comme la pensée qui les fit éclore.
— Et qui les pétrifia... Tenez, elle a fini sa prière ; parlez-lui, vous verrez qu'elle est bête malgré l'expression de ses traits.
— Mon enfant, dit Léonce à la jeune fille, vous paraissez très-pieuse. Y a-t-il quelque dévotion particulière attachée à cette chapelle ?
— Non, Monseigneur, répondit la jeune fille en faisant la révérence ; mais je me cache ici pour prier, afin que M. le curé ne me voie point.
— Et que craignez-vous des regards de M. le curé ? demanda lady G...
— Je crains qu'il ne me chasse, reprit la montagnarde ; il ne veut plus que je rentre dans l'église, sous prétexte que je suis en état de péché mortel.

Elle fit cette réponse avec tant d'aplomb et d'un air à la fois si ingénu et si décidé, que Sabina ne put s'empêcher de rire.
— Est-ce que cela est vrai ? lui demanda-t-elle.
— Je crois que M. le curé se trompe, répondit la jeune fille, et que Dieu voit plus clair que lui dans mon cœur.

Là-dessus elle fit une nouvelle révérence et s'éloigna rapidement, car le curé, qui avait fini de se dépouiller de ses habits sacerdotaux, paraissait au fond de la nef.

Interrogé par nos deux voyageurs, le curé jeta un regard sur la pécheresse qui fuyait, haussa les épaules, et dit d'un ton courroucé :
— Ne faites pas attention à cette vagabonde, c'est une âme perdue.
— Cela est fort étrange, dit Sabina ; sa figure n'annonce rien de semblable.
— Maintenant, dit le curé, je suis aux ordres de Vos Seigneuries.

On remonta en voiture, et après quelques mots de conversation générale, le curé demanda la permission de lire son bréviaire, et bientôt il fut si absorbé par cette dévotion, que Léonce et Sabina se retrouvèrent comme en tête-à-tête. Par égard pour le bonhomme, qui ne paraissait pas entendre l'anglais, ils causèrent dans cette langue afin de ne lui point donner de distractions.

— Ce prêtre intolérant, esclave de ses patenôtres, ne nous promet pas grand plaisir, dit Sabina. Je crois que vous l'avez recruté pour me punir d'avoir pris un peu d'humeur à la rencontre de la marquise.
— J'ai peut-être eu un motif plus sérieux, répondit Léonce. Vous ne le devinez pas ?
— Nullement.
— Je veux bien vous le dire ; mais c'est à condition que vous l'écouterez très-sérieusement.
— Vous m'inquiétez !

— C'est déjà quelque chose. Sachez donc que j'ai mis ce tiers entre nous pour me préserver moi-même.
— Et de quoi, s'il vous plaît?
— Du danger caché au fond de toutes les conversations qui roulent sur l'amour entre jeunes gens.
— Parlez pour vous, Léonce ; je ne me suis pas aperçue de ce danger. Vous m'aviez promis de ne pas laisser l'ennui approcher de moi ; je comptais sur votre parole, j'étais tranquille.
— Vous raillez? C'est trop facile. Vous m'aviez promis plus de gravité.
— Allons, je suis très-grave, grave comme ce curé. Que vouliez-vous dire?
— Que, seul avec vous, j'aurais pu me sentir ému et perdre ce calme d'où dépend ma puissance sur vous aujourd'hui. Je fais ici l'office de magnétiseur pour endormir votre irritation habituelle. Or, vous savez que la première condition de la puissance magnétique c'est un flegme absolu, c'est une tension de la volonté vers l'idée de domination immatérielle ; c'est l'absence de toute émotion étrangère au phénomène de l'influence mystérieuse. Je pouvais me laisser troubler, et arriver à être dominé par votre regard, par le son de votre voix, par votre fluide magnétique, en un mot, et alors les rôles eussent été intervertis.
— Est-ce que c'est une déclaration, Léonce? dit Sabina avec une hauteur ironique.
— Non, Madame ; c'est tout le contraire, répondit-il tranquillement.
— Une impertinence, peut-être?
— Nullement. Je suis votre ami depuis longtemps, et un ami sérieux, vous le savez bien, quoique vous soyez une femme étrange et parfois injuste. Nous nous sommes connus enfants : notre affection fut toujours loyale et douce. Vous l'avez cultivée avec franchise, moi avec dévouement. Peu d'hommes sont autant mes amis que vous, et je ne recherche la société d'aucun d'eux avec autant d'attrait que la vôtre. Cependant vous me causez quelquefois une sorte de souffrance indéfinissable. Ce n'est pas le moment de rechercher la cause ; c'est un problème intérieur que je n'ai pas encore cherché à résoudre. Ce qu'il y a de certain, c'est que je ne suis pas amoureux de vous et que je ne l'ai jamais été. Sans entrer dans des explications qui auraient peut-être quelque chose de trop libre après cette déclaration, je pense que vous comprenez pourquoi je ne veux pas être ému auprès d'une femme aussi belle que vous, et pourquoi la figure paisible et rebondie qui est là m'était nécessaire pour m'empêcher de vous trop regarder.
— En voilà bien assez, Léonce, répondit Sabina, qui affectait d'arranger ses manchettes afin de baisser la tête et de cacher la rougeur qui brûlait ses joues. C'en est même trop. Il y a quelque chose de blessant pour moi dans vos pensées.
— Je vous défie de me le prouver.
— Je ne l'essaierai pas. Votre conscience doit vous le dire.
— Nullement. Je ne puis vous donner une plus grande preuve de respect que de chasser l'amour de mes pensées.
— L'amour ! Il est bien loin de votre cœur ! Ce que vous croyez devoir craindre me flatte peu ; je ne suis pas une vieille coquette pour m'en enorgueillir.
— Et pourtant, si c'était l'amour, l'amour du cœur comme vous l'entendez, vous seriez plus irritée encore.
— Affligée peut-être, parce que je n'y pourrais pas répondre, mais irritée beaucoup moins que je ne le suis par l'aveu de votre souffrance *indéfinissable*.
— Soyez franche, mon amie ; vous ne seriez même pas affligée ; vous ririez, et ce serait tout.
— Vous m'accusez de coquetterie? vous n'en avez pas le droit : qu'en savez-vous, puisque vous ne m'avez jamais aimée, et que vous ne m'avez jamais vue aimer personne?
— Écoutez, Sabina, il est certain que je n'ai jamais essayé de vous plaire. Tant d'autres ont échoué ! Sais-je seulement si quelqu'un a jamais réussi à se faire aimer de vous? Vous me l'avez pourtant dit une fois, dans un jour d'expansion et de tristesse ; mais j'ignore si vous ne vous êtes pas vantée par exaltation. Si je vous avais laissé voir que je suis capable d'aimer ardemment, peut-être eussiez-vous reconnu que je méritais mieux que votre amitié. Mais, pour vous le faire comprendre, il eût fallu ou vous aimer ainsi, ce que je nie, ou feindre, et m'enivrer de mes propres affirmations. Cela eût été indigne de la noblesse de mon attachement pour vous, et je ne sais pas descendre à de telles ruses : ou bien encore, il eût fallu vous raconter les secrets de ma vie, vous peindre mon vrai caractère, me vanter en un mot. Fi ! et n'être pas compris, être raillé !... Juste punition de la vanité puérile ! Loin de moi une telle honte !
— De quoi vous justifiez-vous donc, Léonce? Est-ce que je me plains de n'avoir que votre amitié? est-ce que j'ai jamais désiré autre chose?
— Non, mais de ce que je m'observe si scrupuleusement, vous pourriez conclure que je suis une brute, si vous ne me deviniez pas.
— A quoi bon vous observer tant, puisqu'il n'y a rien à craindre? L'amour est spontané. Il surprend et envahit, il ne raisonne point, il n'a pas besoin de s'interroger, ni de s'entourer de prévisions, de plans d'attaque et de projets de retraite ; il se trahit, et c'est alors qu'il s'impose.
« Voilà une bonne leçon, pensa Léonce, et c'est elle qui me la donne ! »
Il sentit qu'il avait besoin d'étouffer son dépit, et, prenant la main de lady G..., il lui dit en la serrant d'un air affectueux et calme :
— Vous voyez donc bien, chère Sabina, qu'il ne peut y avoir d'amour entre nous ; nous n'avons dans le cœur rien de neuf et de mystérieux l'un pour l'autre ; nous nous connaissons trop, nous sommes comme frère et sœur.
— Vous dites un mensonge et un blasphème, répondit la fière lady en retirant sa main. Les frères et les sœurs ne se connaissent jamais, puisque les points les plus vivants et les plus profonds de leurs âmes ne sont jamais en contact. Ne dites pas que nous nous connaissons trop, vous et moi ; je prétends, au contraire, n'être nullement connue de vous, et ne l'être jamais. Voilà pourquoi, au lieu de me fâcher, j'ai souri à toutes les duretés que vous me dites depuis ce matin. Tenez, j'aime mieux aussi ne pas vous connaître davantage. Si vous voulez garder votre fluide magnétique, laissez-moi croire que vous avez dans le cœur des trésors de passion et de tendresse, dont notre paisible amitié ne voit que l'ombre.
— Et si vous le croyiez, vous m'aimeriez, Sabina ! Il est donc certain pour moi que vous ne le croyez pas.
— Je puis vous en dire autant. Faut-il en conclure que si nous sommes seulement amis, c'est parce que nous n'avons pas grande opinion l'un de l'autre?
« Elle est piquée, pensa Léonce, et voilà que nous sommes au moment de nous haïr ou de nous aimer. »
— M'est avis, dit le curé en fermant son bréviaire, que nous voici bien assez loin, et que nous pourrions, s'il plaisait à Vos Seigneuries, mettre quelque chose sous la dent.
— D'autant plus, dit Léonce, que voici à deux pas, au-dessus de nous, un plateau de rochers avec de l'ombre, et d'où l'on doit découvrir une vue admirable.
— Quoi, là-haut? s'écria le curé qui était un peu chargé d'embonpoint ; vous voulez grimper jusqu'à la Roche-Verte? Nous serions bien plus à l'aise dans ce bosquet de sapins, au bord de la route.
— Mais nous n'aurions pas de vue ! dit lady G... en passant son bras d'un air folâtre sous celui du vieux prêtre, et peut-on se passer de la vue des montagnes?
— Fort bien quand on mange, répondit le curé, qui, pourtant, se laissa entraîner.
Le jockey conduisit la voiture à l'ombre, dans le bosquet, et bientôt de nombreux serviteurs se présentèrent pour l'aider à chasser les mouches et à faire manger ses chevaux. C'étaient les petits pâtres, épars sur tous les points de la montagne, qui, en un clin d'œil, se rassem-

Léonce courut au-devant du curé. (Page 5.)

blèrent autour de nos promeneurs, comme une volée d'oiseaux curieux et affamés. L'un prit les coussins du char-à-bancs pour faire asseoir les convives sur le rocher, l'autre se chargea du transport des pâtés de gibier, un troisième de celui des vins; chacun voulait porter ou casser quelque chose. Le déjeuner champêtre fut bientôt installé sur la Roche-Verte, et, en voyant qu'il était splendide et succulent, le curé s'essuya le front et laissa échapper un soupir de jubilation de sa poitrine haletante. On fit la part des petits pages déguenillés, celle des serviteurs aussi, car on avait de quoi satisfaire tout le monde. Léonce n'avait pas fait les choses à demi; on eût dit qu'il avait prévu à quel estomac de prêtre il aurait affaire. Sabina redevint très-enjouée, et avoua que, pour la première fois depuis longtemps, elle avait beaucoup d'appétit. Léonce ayant servi tout le monde, commençait à manger à son tour, lorsque les enfants, assis en groupe à quelque distance, se prirent à s'agiter, à bondir et à crier en faisant de grands mouvements avec leurs bras, comme pour appeler quelqu'un du fond du ravin : « La fille aux oiseaux ! la fille aux oiseaux ! »

III.
ENLEVONS HERMIONE.

— Taisez-vous, sotte engeance, dit le curé : n'attirez point cette folle par ici; nous n'avons que faire de ses jongleries.

Mais les enfants ne l'entendaient point et continuaient à appeler et à faire des gestes. Sabina, se penchant alors sur le bord du rocher, vit un spectacle fort extraordinaire. Une jeune montagnarde grimpait la pente escarpée qui conduisait à la Roche-Verte, et cette enfant marchait littéralement dans une nuée d'oiseaux qui voltigeaient autour d'elle, les uns béquetant sa chevelure, d'autres se posant sur ses épaules, d'autres, tout jeunes, sautillant et se traînant à ses pieds, dans le sable. Tous semblaient se disputer le plaisir de la toucher ou le profit de l'implorer, et remplissaient l'air de leurs cris de joie et d'impatience. Quand la jeune fille fut plus près et qu'on put la distinguer à travers son cortège tourbillonnant, Léonce et Sabina reconnurent la blonde aux joues vermeilles et aux cheveux d'or pâle qu'ils avaient vue dans l'église une heure auparavant.

A l'instant même de tous les buissons d'alentour. (Page 9.)

Alors le curé se pencha aussi vers le ravin, et, par ses gestes, lui prescrivit de s'éloigner.

La grosse figure et l'habit noir du prêtre firent sur elle l'effet de la tête de Méduse. Elle s'arrêta immobile, et les oiseaux, effarouchés, s'envolèrent sur les arbres qui bordaient le sentier.

Cependant les instances de lady G... et la vue de son verre rempli d'un excellent vin de Grèce qu'on venait d'entamer calmèrent l'ire du saint homme, et il consentit à crier à la fille aux oiseaux :

— Allons, venez faire vos pasquinades devant Leurs Seigneuries, bohémienne que vous êtes !

La jeune fille tenait dans sa main une poignée de grains qu'elle jeta derrière elle le plus loin qu'elle put, et si adroitement, qu'elle sembla seulement faire un geste impératif aux oisillons qui recommençaient à la poursuivre. Ils s'abattirent tous dans le fourré qu'elle feignait de leur désigner, et, occupés qu'ils étaient à chercher leurs petites graines, ils eurent l'air de se tenir tranquilles à son commandement. Les autres enfants n'étaient pas dupes de ce petit manége, mais Sabina eut tout le plaisir d'y être trompée.

— Eh bien, la voilà donc, cette pécheresse endurcie, dit Léonce, en tendant la main à la montagnarde pour l'aider à atteindre le plateau, qui était fort escarpé de ce côté-là. Mais elle le gravit d'un bond pareil à celui d'un jeune chamois, et, portant les deux mains à son front, elle demanda la permission de *travailler*.

— Faites voir, faites vite voir, fainéante, dit le curé, ce qu'il vous plaît d'appeler votre *travail*.

Alors elle s'approcha des enfants et les pria de bien tenir leurs chiens et ne pas bouger ; puis elle ôta un petit mantelet de laine qui couvrait ses épaules, et, grimpant sur une roche voisine encore plus élevée que la Roche-Verte, elle fit tournoyer en l'air cette étoffe rouge comme un drapeau au-dessus de sa tête. A l'instant même, de tous les buissons d'alentour, vint se précipiter sur elle une foule d'oiseaux de diverses espèces, moineaux, fauvettes, linottes, bouvreuils, merles, ramiers, et même quelques hirondelles à la queue fourchue et aux larges ailes noires. Elle joua quelques instants avec eux, les repoussant, faisant des gestes, et agitant son mantelet comme pour les effrayer, attrapant au vol quelques-uns, et les rejetant dans l'espace sans réussir à les dégoûter de leur amoureuse poursuite. Puis, quand elle eut bien montré à quel point elle était souveraine absolue et adorée de ce peuple libre, elle se couvrit la tête de son manteau, se coucha par terre, et feignit de s'endormir. Alors on vit tous ces volatiles se poser sur elle, se blottir à l'envi dans les plis de ses vêtements, et paraître magnétisés par son sommeil. Enfin, quand elle se releva, elle réitéra son stratagème, et les envoya, à l'aide d'une nouvelle pâture, s'abattre sur des bruyères, où ils disparurent et cessèrent leur babil.

Il y eut quelque chose de si gracieux et de si poétique dans toute sa pantomime, son pouvoir sur les habitants de l'air semblait si merveilleux, que cette petite scène causa un plaisir extrême aux voyageurs. La négresse n'hésita pas à croire qu'elle assistait à un enchantement, et le curé lui-même ne put s'empêcher de sourire à la gentillesse des *élèves*, pour se dispenser d'applaudir leur éducatrice.

— Voilà vraiment une petite fée, dit Sabina en l'attirant auprès d'elle, et je vous déclare, Léonce, que je suis réconciliée avec ses cils d'ambre. *Mignon* lui avait fait tort dans mon imagination. Je l'aurais voulue brune et jouant de la guitare; mais j'accepte maintenant cette *Mignon* rustique et blonde, et j'aime autant sa scène de magie avec les oiseaux que la *danse des œufs*. Dis-moi d'abord, ma chère enfant, comment tu t'appelles?

— Je m'appelle Madeleine Mélèze, l'oiselière ou la fille aux oiseaux, pour servir Votre Altesse.

— Voilà de jolis noms, et cela te complète. Assieds-toi là près de moi, et déjeune avec nous; pourvu, toutefois, que ton peuple d'oiseaux ne vienne pas, comme une plaie d'Égypte, dévorer notre festin.

— Oh! ne craignez rien, Madame, *mes enfants* n'approchent pas de moi quand il y a d'autres personnes trop près.

— En ce cas, si tu veux conserver ton sot métier, ton gagne-pain, dit le curé d'un ton grondeur, je te conseille de ne pas te laisser accompagner si souvent dans tes promenades par certains vagabonds de rencontre; car bientôt, à force d'être tenus en respect par la présence de ces oiseaux de passage, les oiseaux du pays ne te connaîtront plus, Madeleine.

— Mais, monsieur le curé, on vous a trompé, assurément, répondit l'oiselière, je n'ai encore eu qu'un seul compagnon de promenade, et il n'y a pas si longtemps que cela dure; nous sommes toujours tous deux seuls; ceux qui vous ont dit le contraire ont menti.

Le sérieux dont elle accompagna cette réponse mit Léonce en gaieté et le curé en colère.

— Voyez un peu la belle réponse! dit-il, et si l'on peut rien trouver de plus effronté que cette petite fille!

L'oiselière leva sur le pasteur courroucé ses yeux bleus comme des saphirs et resta muette d'étonnement.

— Il me semble que vous vous trompez beaucoup sur le compte de cette enfant, dit Sabina au curé: sa surprise et sa hardiesse sont l'effet d'une candeur que vous troublerez par vos mauvaises pensées; permettez-moi de vous le dire, monsieur le curé, vous faites, par bonne intention sans doute, tout votre possible pour lui donner l'idée du mal qu'elle n'a pas.

— Est-ce vous qui parlez ainsi, Madame? répondit à demi-voix le curé; vous qui, par prudence et vertu, ne vouliez pas rester en tête-à-tête avec ce noble seigneur, malgré ses bons sentiments et le voisinage de vos domestiques?

Sabina regarda le curé avec étonnement, et ensuite Léonce d'un air de reproche et de dérision; puis elle ajouta avec un noble abandon de cœur:

— Si vous jugez ainsi le motif qui nous a fait rechercher votre société, monsieur le curé, vous devez y trouver la confirmation de ce que je pense de cette enfant: c'est que ses pensées sont plus pures que les nôtres.

— Pures tant que vous voudrez, Madame! reprit le curé, que, dans sa pensée, Sabina avait déjà surnommé le *bourru*, occupée qu'elle était de retrouver les personnages de Wilhem-Meister dans les aventures de sa promenade; mais laissez-moi vous objecter que chez les filles de cette condition, qui vivent au hasard et comme à l'abandon, l'excès de l'innocence est le pire des dangers. Le premier venu en abuse, et c'est ce qui va arriver à celle-ci, si ce n'est déjà fait.

— Elle serait confuse devant vos soupçons, au lieu qu'elle n'est qu'effrayée de vos menaces. Vous autres prêtres, vous ne comprenez rien aux femmes, et vous froissez sans pitié la pudeur du jeune âge.

— Je vous soutiens, moi, reprit le *bourru*, que ce qui est vrai pour les personnes de votre classe, n'est pas applicable à celle des pauvres gens. La pudeur de ces filles-là est bêtise, imprévoyance; elles font le mal sans savoir ce qu'elles font.

— En ce cas, peut-être ne le font-elles pas, et je croirais assez que Dieu innocente leurs fautes.

— C'est une hérésie, Madame.

— Comme vous voudrez, monsieur le curé. Disputons, j'y consens. Je sais bien que vous êtes meilleur que vous ne voulez en avoir l'air, et qu'au fond du cœur vous ne haïssez point ma morale.

— Eh bien; oui, nous disputerons après déjeuner, répliqua le curé.

— En attendant, dit Sabina en lui remplissant son verre avec grâce, et en lui adressant un doux regard dont il ne comprit pas la malice, vous allez m'accorder la faveur que je vais vous demander, mon cher curé bourru.

— Comment vous refuser quelque chose? répondit-il en portant son verre à ses lèvres; surtout si c'est une demande chrétienne et raisonnable? ajouta-t-il lorsqu'il eut avalé la rasade de vin de Chypre.

— Vous allez faire la paix provisoirement avec la fille aux oiseaux, reprit lady G... Je la prends sous ma protection; vous ne la mettrez pas en fuite, vous ne lui adresserez aucune parole dure; vous me laisserez le soin de la confesser tout doucement, et, d'après le compte que je vous rendrai d'elle, vous serez indulgent ou sévère, selon ses mérites.

— Eh bien, accordé! répondit le curé, qui se sentait plus dispos et de meilleure humeur, à mesure qu'il contentait son robuste appétit. Voyons, dit-il en s'adressant à Madeleine qui causait avec Léonce, je te pardonne pour aujourd'hui, et je te permets de venir à confesse demain, à condition que, dès ce moment, tu te soumettras à toutes les prescriptions de cette noble et vertueuse dame, qui veut bien s'intéresser à toi et t'aider à sortir du péché.

Le mot de péché produisit sur Madeleine le même effet d'étonnement et de doute que les autres fois; mais, satisfaite de la bienveillance de son pasteur et surtout de l'intérêt que lui témoignait la noble dame, elle fit la révérence à l'un et baisa la main de l'autre: Interrogée par Léonce sur les procédés qu'elle employait pour captiver l'amour et l'obéissance de ses oiseaux, elle refusa de s'expliquer, et prétendit qu'elle possédait un secret.

— Allons, Madeleine, ceci n'est pas bien, dit le curé, et si tu veux que je te pardonne tout, tu commenceras par divorcer d'avec le mensonge. C'est une faute grave que de chercher à entretenir la superstition, surtout quand c'est pour en profiter. Ici, d'ailleurs, cela ne te servirait de rien. Dans les foires où tu vas courir et montrer ton talent (bien malgré moi, car ce vagabondage n'est pas le fait d'une fille pieuse), tu peux persuader aux gens simples que tu possèdes un charme pour attirer le premier oiseau qui passe et pour le retenir aussi longtemps qu'il te plaît. Mais tes petits camarades, que voici, savent bien que, dans ces montagnes, où les oiseaux sont très rares et où tu passes ta vie à courir et à fureter, tu découvres tous les nids aussitôt qu'ils se bâtissent, que tu t'empares de la couvée et que tu forces les pères et mères à venir nourrir leurs petits sur tes genoux. On sait la patience avec laquelle tu restes immobile des heures entières comme une statue ou comme un arbre, pour que ces bêtes s'accoutument à te voir sans te craindre. On sait comme, dès qu'ils sont apprivoisés, ils te suivent partout pour recevoir de toi leur pâture, et qu'ils t'amènent leur famille à mesure qu'ils pullulent, suivant en cela un admirable instinct de mémoire et d'attachement, dont plusieurs espèces sont particulièrement douées. Tout cela n'est pas bien sorcier. Chacun de nous, s'il était, comme toi, ennemi des occupations raisonnables et d'un travail utile, pourrait en faire autant. Ne joue donc pas la magicienne et l'inspirée, comme certains imposteurs célèbres de l'antiquité, et entre autres un misérable Apollonius de Thyane, que l'Église condamne comme faux prophète, et qui prétendait comprendre le langage des passereaux. Quant à ces nobles personnes, n'espère point te moquer d'elles. Leur esprit et leur éducation ne leur permettent point de croire qu'une bambine comme toi soit investie d'un pouvoir surnaturel.

— Eh bien, monsieur le curé, dit lady G..., vous ne pouviez rien dire qui ne fût moins agréable, ni faire sur la superstition un sermon plus mal venu. Vos explications sont ennemies de la poésie, et j'aime cent fois mieux croire que la pauvre Madeleine a quelque don mystérieux, miraculeux même, si vous voulez, que de refroidir mon imagination en acceptant de banales réalités. Console-toi, dit-elle à l'oiselière, qui pleurait de dépit et qui regardait le curé avec une sorte d'indignation naïve et fière : nous te croyons fée et nous subissons ton prestige.

— D'ailleurs, les explications de M. le curé n'expliquent rien, dit Léonce. Elles constatent des faits et n'en dévoilent point les causes. Pour apprivoiser à ce point des êtres libres et naturellement farouches, il faut une intelligence particulière, une sorte de secret magnétisme tout exceptionnel. Chacun de nous se consacrerait en vain à cette éducation, que la mystérieuse fatalité de l'instinct dévoile à cette jeune fille.

— Oui ! oui ! s'écria Madeleine, dont les yeux s'enflammèrent comme si elle eût pu comprendre parfaitement l'argument de Léonce, je défie bien M. le curé d'apprivoiser seulement une poule dans sa cour, et moi j'apprivoise les aigles sur la montagne.

— Les aigles, toi ? dit le curé piqué au vif de voir Sabina éclater de rire ; je t'en défie bien ! Les aigles ne s'apprivoisent point comme des alouettes. Voilà ce qu'on gagne à de niaises pratiques et à des prétentions bizarres. On devient menteuse, et c'est ce qui vous arrive, petite effrontée.

— Ah, pardon, monsieur le curé, dit un jeune chevrier qui s'était détaché du groupe des enfants, et qui écoutait la conversation des nobles convives. Depuis quelque temps, Madeleine apprivoise les aigles : je l'ai vu. Son esprit va toujours en augmentant, et bientôt elle apprivoisera les ours, j'en suis sûr.

— Non, jamais, répondit l'oiselière avec une sorte d'effroi et de dégoût peinte dans tous ses traits. *Mon esprit ne s'accorde qu'avec ce qui vole dans l'air.*

— Eh bien ! que vous disais-je ? s'écria Léonce frappé de cette parole. Elle sent bien qu'elle ne puisse en rendre compte ni aux autres, ni à elle-même, que d'indéfinissables affinités donnent de l'attrait à certains êtres pour elle. Ces rapports intimes sont des merveilles à nos yeux, parce que nous ne pouvons en saisir la loi naturelle, et le monde des faits physiques est plein de ces miracles qui nous échappent. Soyez-en certain, monsieur le curé, le diable n'est pour rien dans ces particularités ; c'est Dieu seul qui a le secret de toute énigme et qui préside à tout mystère.

— A la bonne heure, dit le curé assez satisfait de cette explication. A votre sens, il y aurait donc des rapports inconnus entre certaines organisations différentes ? Peut-être que cette petite exhale une odeur d'oiseau perceptible seulement à l'odorat subtil de ces volatiles ?

— Ce qu'il y a de certain, dit Sabina en riant, c'est qu'elle a un profil d'oiseau. Son petit nez recourbé, ses yeux vifs et saillants, ses paupières mobiles et pâles, joignez à cela sa légèreté, ses bras agiles comme des ailes, ses jambes fines et fermes comme des pattes d'oiseau, et vous verrez qu'elle ressemble à un aiglon.

— Comme il vous plaira, dit Madeleine, qui paraissait être douée d'une rapide intelligence et comprendre tout ce qui se disait sur son compte. Mais, outre le don de me faire aimer, j'ai aussi celui de faire comprendre ;

j'ai la science, et je défie les autres de découvrir ce que je sais. Qui de vous dira à quelle heure on peut se faire obéir et à quelle heure on ne le peut pas ? quel cri peut-être entendu de bien loin ? en quels endroits il faut se mettre ? quelles influences il faut écarter ? quel temps est propice ? Ah ! monsieur le curé, si vous saviez persuader les gens comme je sais attirer les bêtes, votre église serait plus riche et vos saints mieux fêtés.

— Elle a de l'esprit, dit le curé bourru, qui était au fond un bourru bienfaisant et enjoué, surtout *après boire* ; mais c'est un esprit diabolique, et il faudra, quelque jour, que je l'exorcise. En attendant, Madelon, fais venir les aigles.

— Et où les prendrai-je à cette heure ? répondit-elle avec malice. Savez-vous où ils sont, monsieur le curé ? Si vous le savez, dites-le, j'irai vous les chercher.

— Vas-y, toi, puisque tu prétends le savoir.

— Ils sont où je ne puis aller maintenant. Je vois bien, monsieur le curé, que vous ne le savez pas. Mais si vous voulez venir ce soir avec moi, au coucher du soleil, et si vous n'avez pas peur, je vous ferai voir quelque chose qui vous étonnera.

Le curé haussa les épaules ; mais l'ardente imagination de Sabina s'empara de cette fantaisie. — J'y veux aller, moi, s'écria-t-elle, je veux avoir peur, je veux être étonnée, je veux croire au diable et le voir, si faire se peut !

— Tout doux ! lui dit Léonce à l'oreille, vous n'avez pas encore ma permission, chère malade.

— Je vous la demande, je vous l'arrache, docteur aimable.

— Eh bien, nous verrons cela ; j'interrogerai la magicienne, et je déciderai comme il me conviendra.

— Je compte donc sur votre désir, sur votre promesse de m'amuser. En attendant, n'allons-nous pas retourner à la villa pour voir comment mylord G... aura dormi ?

— Si vous avez des volontés arrêtées, je vous donne ma démission.

— A Dieu ne plaise ! Jusqu'ici je n'ai pas eu un instant d'ennui. Faites donc ce que vous jugerez opportun ; mais où que vous me conduisiez, laissez-moi emmener la fille aux oiseaux.

— C'était bien mon intention. Croyez-vous donc qu'elle se soit trouvée ici par hasard ?

— Vous la connaissez donc ? Vous lui aviez donc donné rendez-vous ?

— Ne m'interrogez pas.

— J'oubliais ! Gardez vos secrets ; mais j'espère que vous en avez encore ?

— Certes, j'en ai encore, et je vous annonce, Madame, que ce jour ne se passera pas sans que vous ayez des émotions qui troubleront votre sommeil la nuit prochaine.

— Des émotions ! Ah ! quel bonheur ! s'écria Sabina ; en garderai-je longtemps le souvenir ?

— Toute votre vie, dit Léonce avec un sérieux qui semblait passer la plaisanterie.

— Vous êtes un personnage fort singulier, reprit-elle. On dirait que vous croyez à votre puissance sur moi, comme Madeleine à la sienne sur les aigles.

— Vous avez la fierté et la férocité de ces rois de l'air, et moi j'ai peut-être la finesse de l'observation, la patience et la ruse de Madeleine.

— De la ruse ? vous me faites peur.

— C'est ce que je veux. Jusqu'ici vous vous êtes raillée de moi, Sabina, précisément parce que vous ne me connaissez pas.

— Moi ! dit-elle un peu émue et tourmentée de la tournure bizarre que prenait l'esprit de Léonce. Moi, je ne connais pas mon ami d'enfance, mon loyal chevalier servant ? C'est tout aussi raisonnable que de me dire que je songe à vous railler.

— Vous l'avez pourtant dit, Madame, les frères et les sœurs sont éternellement inconnus les uns aux autres, parce que les points les plus intéressants et les plus vivants de leur être ne sont jamais en contact. Un mystère profond comme ces abîmes nous sépare ; vous ne me connaîtrez jamais, avez-vous dit. Eh bien, Madame, je prétends aujourd'hui vous connaître et vous rester inconnu. C'est vous dire, ajouta-t-il en voyant la méfiance et la terreur se peindre sur les traits de Sabina, que je me résigne à vous aimer davantage que je ne veux et ne puis prétendre à être aimé de vous.

— Pourvu que nous restions amis, Léonce, dit lady G..., dominée tout à coup par une angoisse qu'elle ne pouvait s'expliquer à elle-même, je consens à vous laisser continuer ce badinage; sinon je veux retourner tout de suite à la villa, me remettre sous la cloche de plomb de l'amour conjugal.

— Si vous l'exigez, j'obéis; je redeviens homme du monde, et j'abandonne la cure merveilleuse que vous m'avez permis d'entreprendre.

— Et dont vous répondez pourtant! Ce serait dommage.

— J'en puis répondre encore si vous ne résistez pas. Une révolution complète, inouïe, peut s'opérer aujourd'hui dans votre vie morale et intellectuelle, si vous abjurez jusqu'à ce soir l'empire de votre volonté.

— Mais quelle confiance faut-il donc avoir en votre honneur pour se soumettre à ce point?

— Me croyez-vous capable d'en abuser? Vous pouvez vous faire reconduire à la villa par le curé. Moi, je vais dans la montagne chercher des aigles moins prudents et moins soupçonneux.

— Avec Madeleine, sans doute?

— Pourquoi non?

— Eh bien, l'amitié a ses jalousies comme l'amour : vous n'irez pas sans moi.

— Partons donc!

— Partons!

Lady G... se leva avec une sorte d'impétuosité, et prit le bras de l'oiselière sous le sien, comme si elle eût voulu s'emparer d'une proie. En un clin d'œil les enfants reportèrent dans la voiture l'attirail du déjeuner. Tout fut lavé, rangé et emballé comme par magie. La négresse, semblable à une sibylle affairée, présidait à l'opération; la libéralité de Léonce donnait des ailes aux plus paresseux et de l'adresse aux plus gauches. Il me semble, lui dit Sabina en les voyant courir, que j'assiste à la noce fantastique du conte de *Gracieuse et Percinet;* lorsque l'errante princesse ouvre dans la forêt la boîte enchantée, on en voit sortir une armée de marmitons en miniature et de serviteurs de toute sorte qui mettent la broche, font la cuisine et servent un repas merveilleux à la joyeuse bande des Lilliputiens, le tout en chantant et en dansant, comme font ces petits pages rustiques.

— L'apologue est plus vrai ici que vous ne pensez, répondit Léonce. Rappelez-vous bien le conte, cette charmante fantaisie que Hoffmann n'a point surpassée. Il est un moment où la princesse Gracieuse, punie de son inquiète curiosité par la force même du charme qu'elle ne peut conjurer, voit tout son petit monde enchanté prendre la fuite et s'éparpiller dans les broussailles. Les cuisiniers emportent la broche toute fumante, les musiciens leurs violons, le nouveau marié entraîne sa jeune épouse, les parents grondent, les convives rient, les serviteurs jurent, tous courent et se moquent de Gracieuse, qui, de ses belles mains, cherche vainement à les arrêter, à les retenir, à les rassembler. Comme des fourmis agiles, ils s'échappent, passent à travers ses doigts, se répandent et disparaissent sous la mousse et les violettes, qui sont pour eux comme une futaie protectrice, comme un bois impénétrable. La cassette reste vide, et Gracieuse, épouvantée, va retomber au pouvoir des mauvais génies, lorsque...

— Lorsque l'aimable Léonce, je veux dire le tout puissant prince Percinet, reprit Sabina, le protégé des bonnes fées, vient à son secours, et, d'un coup de baguette, fait rentrer dans la boîte parents et fiancés, marmitons et broches, ménétriers et violons.

— Alors il lui dit, reprit Léonce : Sachez, princesse Gracieuse, que vous n'êtes point assez savante pour gouverner le monde de vos fantaisies; vous les semez à pleines mains sur le sol aride de la réalité, et là, plus agiles et plus fines que vous, elles vous échappent et vous trahissent. Sans moi, elles allaient se perdre comme l'insecte que l'œil poursuit en vain dans ses mystérieuses retraites de gazon et de feuillage; et alors vous vous retrouviez seule avec la peur et le regret, dans ce lieu solitaire et désenchanté. Plus de frais ombrages, plus de cascades murmurantes, plus de fleurs embaumées; plus de chants, de danses et de rires sur le tapis de verdure. Plus rien qui siffle sous le vent qui siffle sous les platanes pelés, et la voix lointaine des bêtes sauvages qui monte dans l'air avec l'étoile sanglante de la nuit. Mais, grâce à moi, que vous n'implorerez jamais en vain, tous vos trésors sont rentrés dans le coffre magique, et nous pouvons poursuivre notre route, certains de les retrouver quand nous le voudrons, à quelque nouvelle halte, dans le royaume des songes.

IV.

FAUSSE ROUTE.

— Voilà une très-jolie histoire, et que je me rappellerai pour la raconter à la veillée, dit l'oiselière que Sabina tenait toujours par le bras.

— Prince Percinet, s'écria lady G... passant son autre bras sous celui de Léonce, et en courant avec lui vers la voiture qui les attendait, vous êtes mon bon génie, et je m'abandonne à votre admirable sagesse.

— J'espère, dit le curé en s'asseyant dans le fond du wurst avec Sabina, tandis que Léonce et Madeleine se plaçaient vis-à-vis, que nous allons reprendre le chemin de Saint-Apollinaire? Je suis sûr que mes paroissiens ont déjà besoin de moi pour quelque sacrement.

— Que votre volonté soit faite, cher pasteur, répondit Léonce en donnant des ordres à son jockey.

— Eh quoi! dit Sabina au bout de quelques instants, nous retournons sur nos pas, et nous allons revoir les mêmes lieux?

— Soyez tranquille, répondit Léonce en lui montrant le curé que trois tours de roue avaient suffi pour endormir profondément, nous allons où bon nous semble. — Tourne à droite, dit-il au jeune automédon, et va où je t'ai dit d'abord.

L'enfant obéit, et le curé ronfla.

— Eh bien, voici quelque chose de charmant, dit Sabina en éclatant de rire; l'enlèvement d'un vieux curé grondeur, c'est neuf; et je m'aperçois enfin du plaisir que sa présence pouvait nous procurer. Comme il va être surpris et grognon en se réveillant à deux lieues d'ici!

— M. le curé n'est pas au bout de ses impressions de voyage, ni vous non plus, Madame, répondit Léonce.

— Voyons, petite, raconte-moi ton histoire et confesse-moi ton péché, dit Sabina en prenant, avec une grâce irrésistible, les deux mains de l'oiselière assise dans la voiture en face d'elle. Léonce, n'écoutez pas, ce sont des secrets de femme.

— Oh! Sa Seigneurie peut bien entendre, répondit Madeleine avec assurance. Mon péché n'est pas si gros et mon secret si bien gardé, que je ne puisse en parler à mon aise. Si M. le curé n'avait pas l'habitude de m'interrompre pour me gronder, au lieu de m'écouter, à chaque mot de ma confession, il ne serait pas si en colère contre moi, ou du moins il me ferait comprendre ce qui le fâche tant. J'ai un bon ami, Altesse, ajouta-t-elle en s'adressant à Sabina. Voilà toute l'affaire.

— En juger la gravité n'est pas aussi facile qu'on le pense, dit lady G... à Léonce. Tant de candeur rend les questions embarrassantes.

— Pas tant que vous croyez, répondit-il. Voyons, Madeleine, t'aime-t-il beaucoup?

— Il m'aime autant que je l'aime.

— Et toi, ne l'aimes-tu pas trop? reprit lady G...

— Trop? s'écria Madeleine; voilà une drôle de question! J'aime tant que je peux; je ne sais si c'est trop ou pas assez.

— Quel âge a-t-il? dit Léonce.

— Je ne sais pas; il me l'a dit, mais je ne m'en souviens plus. Il a au moins... attendez! dix ans de plus que moi. J'ai quatorze ans, cela ferait vingt-quatre ou vingt-cinq ans, n'est-ce pas?

— Alors le danger est grand. Tu es trop jeune pour te marier, Madeleine.

— Trop jeune d'un an ou deux. Ce défaut-là passera vite.

— Mais ton amoureux doit être impatient?

— Non! il n'en parle pas.

— Tant pis! et toi, es-tu aussi tranquille?

— Il le faut bien; je ne peux pas faire marcher le temps comme je fais voler les oiseaux.

— Et vous comptez vous marier ensemble?

— Cela, je n'en sais rien; nous n'avons point parlé de cela.

— Tu n'y songes donc pas, toi?

— Pas encore, puisque je suis trop jeune.

— Et s'il ne t'épousait pas, dit lady G...

— Oh! c'est impossible, il m'aime.

— Depuis longtemps? reprit Sabina.

— Depuis huit jours.

— Oimè! dit Léonce, et tu es déjà sûre de lui à ce point?

— Sans doute, puisqu'il m'a dit qu'il m'aimait.

— Et crois-tu ainsi tous ceux qui te parlent d'amour?

— Il n'y a que lui qui m'en ait encore parlé, et c'est le seul que je croirai dans ma vie, puisque c'est celui que j'aime.

— Ah! curé, dit Sabina en jetant un regard sur le bourru endormi, voilà ce que vous ne pourrez jamais comprendre! c'est la foi, c'est l'amour.

— Non, Madame, reprit l'oiselière, il ne peut pas comprendre, lui. Il dit d'abord que personne ne connaît mon amoureux, et que ce doit être un mauvais sujet. C'est tout simple : il est étranger, il vient de passer par chez nous; il n'a ni parents ni amis pour répondre de lui; il s'est arrêté au pays parce qu'il m'a vue et que je lui ai plu. Alors il n'y a que moi qui le connaisse et qui puisse dire : C'est un honnête homme. M. le curé veut qu'il s'en aille, et il menace de le faire chasser par les gendarmes. Moi, je le cache; c'est encore tout simple.

— Et où le caches-tu?

— Dans ma cabane.

— As-tu des parents?

— J'ai mon frère qui est... sauf votre permission, contrebandier... mais il ne faut pas le dire, même à M. le curé.

— Et cela fait qu'il passe les nuits dans la montagne et les jours à dormir, n'est-ce pas? reprit Léonce.

— A peu près. Mais il sait bien que mon bon ami couche sous son lit quand il est dehors.

— Et cela ne le fâche pas?

— Non, il a bon cœur.

— Et il ne s'inquiète de rien?

— De quoi s'inquiéterait-il?

— T'aime-t-il beaucoup, ton frère?

— Oh! il est très-bon pour moi... nous sommes orphelins depuis longtemps; c'est lui qui m'a servi de père et de mère.

— Il me semble que nous pouvons être tranquilles, Léonce? dit lady G... à son ami.

— Jusqu'à présent, oui, répondit-il. Mais l'avenir! Je crains Madeleine, que votre bon ami ne s'en aille, de gré ou de force, un de ces matins, et ne vous laisse pleurer.

— S'il s'en va, je le suivrai.

— Et vos oiseaux?

— Ils me suivront. Je fais quelquefois dix lieues avec eux.

— Vous suivent-ils maintenant?

— Vous ne les voyez pas voler d'arbre en arbre tout le long du chemin? Ils n'approchent pas, parce que je ne suis pas seule et que la voiture les effraie; mais je les vois bien, moi, et ils me voient bien aussi, les pauvres petits!

— Le monde a plus de dix lieues de long; si votre bon ami vous emmenait à plus de cent lieues d'ici?

— Partout où j'irai il y aura des oiseaux, et je m'en ferai connaître.

— Mais vous regretteriez ceux que vous avez élevés?

— Oh! sans doute. Il y en a deux ou trois surtout qui ont tant d'esprit, tant d'esprit, que M. le curé n'en a pas plus, et que mon bon ami seul en a davantage. Mais je vous dis que tous mes oiseaux me suivraient comme je suivrais mon bon ami. Ils commencent à le connaître et à ne pas s'envoler quand il est avec moi.

— Pourvu que le bon ami ne soit pas plus volage que les oiseaux! dit Sabina. Est-il bien beau, ce bon ami?

— Je crois que oui; je ne sais pas.

— Vous n'osez donc pas le regarder? dit Léonce.

— Si fait. Je le regarde quand il dort, et je crois qu'il est beau comme le soleil; mais je ne peux pas dire que je m'y connaisse.

— Quand il dort! vous entrez donc dans sa chambre?

— Je n'ai pas la peine d'y entrer, puisque j'y dors moi-même. Nous ne sommes pas riches, Altesse; nous n'avons qu'une chambre pour nous, avec ma chèvre et le cheval de mon frère.

— C'est la vie primitive! Mais dans tout cela, tu ne dors guère, puisque tu passes les nuits à contempler ton bon ami?

— Oh! je n'y passe guère qu'un quart d'heure après qu'il s'est endormi. Il se couche et s'endort pendant que je récite ma prière tout haut, le dos tourné, au bout de la chambre. Il est vrai qu'ensuite je m'oublie quelquefois à le regarder plus longtemps que je ne puis le dire. Mais ensuite le sommeil me prend, et il me semble que je dors mieux après.

— D'où il résulte pourtant qu'il dort plus que toi?

— Mais il dort très-bien, lui; pourquoi ne dormirait-il pas? la maison est très-propre, quoique pauvre, et j'ai soin que son lit soit toujours bien fait.

— Il ne se réveille donc pas, lui, pour te regarder pendant ton sommeil?

— Je n'en sais rien, mais je ne le crois pas, je l'entendrais. J'ai le sommeil léger comme celui d'un oiseau.

— Il t'aime donc moins que tu ne l'aimes?

— C'est possible, dit tranquillement l'oiselière après un instant de réflexion, et même ça doit être, puisque je suis encore trop jeune pour qu'il m'épouse.

— Enfin, tu es certaine qu'il t'aimera un jour assez pour t'épouser?

— Il ne m'a rien promis; mais il me dit tous les jours : « Madeleine, tu es bonne comme Dieu, et je voudrais ne jamais te quitter. Je suis bien malheureux de songer que, bientôt peut-être, je serai forcé de m'en aller. » Moi, je ne réponds rien, mais je suis bien décidée à le suivre, afin qu'il ne soit pas malheureux; et puisqu'il me trouve bonne et désire ne jamais me quitter, il est certain qu'il m'épousera quand je serai en âge.

— Eh bien, Léonce, dit Sabina en anglais à son ami, admirons, et gardons-nous de troubler par nos doutes cette foi sainte de l'âme d'un enfant. Il se peut que son amant la séduise et l'abandonne; il se peut qu'elle soit brisée par la honte et la douleur; mais encore, dans son désastre, je trouverais son existence digne d'envie. Je donnerais tout ce que j'ai vécu, tout ce que je vivrai encore, pour un jour de cet amour sans bornes, sans arrière-pensée, sans hésitation, aveuglément sublime, où la vie divine pénètre en nous par tous les pores.

— Certes, elle vit dans l'extase, dit Léonce, et sa passion la transfigure. Voyez comme elle est belle, en parlant de celui qu'elle aime, malgré que la nature ne lui ait rien donné de ce qui fait de vous la plus belle des femmes! Eh bien! pourtant, à cette heure, Sabina, elle est beaucoup plus belle que vous. Ne le pensez-vous pas ainsi?

— Vous avez une manière de dire des grossièretés qui ne peut pas me blesser aujourd'hui, quoique vous y fassiez votre possible. Cependant, Léonce, il y a quelque chose d'impitoyable dans votre amitié. Mon malheur est assez grand de ne pouvoir connaître cet amour extatique, sans que vous veniez me le reprocher juste au moment où je mesurais l'étendue de ma misère. Si je voulais me venger, ne pourrais-je pas vous dire que vous êtes aussi misérable que moi, aussi incapable de croire aveuglée ment et d'aimer sans-arrière-pensée? qu'enfin les mêmes abîmes de savoir et d'expérience nous séparent l'un et l'autre de l'état de l'âme de cet enfant?

— Cela, vous n'en savez rien, rien en vérité! répondit Léonce avec énergie, mais sans qu'il fût possible d'interpréter l'émotion de sa voix : son regard errait sur le paysage.

— Nous parcourons un affreux pays, dit lady G..., après un assez long silence. Ces roches nues, ce torrent toujours irrité, ce ciel étroitement encadré, cette chaleur étouffante, et jusqu'au lourd sommeil de cet homme d'église, tout cela porte à la tristesse et à l'effroi de la vie.

— Un peu de patience, dit Léonce, nous serons bientôt dédommagés.

En effet la gorge aride et resserrée s'élargit tout à coup au détour d'une rampe, et un vallon délicieux, jeté comme une oasis dans ce désert, s'offrit aux regards charmés de Sabina. D'autres gorges de montagnes étroites et profondes, venaient aboutir à cet amphithéâtre de verdure, et mêler leurs torrents aplanis et calmes au principal cours d'eau. Ces flots verdâtres étaient limpides comme le cristal; des tapis d'émeraude s'étendaient sur chaque rive, le silence de la solitude n'était plus troublé que par de frais murmures et la clochette lointaine des vaches éparses et cachées au flanc des collines par une riche végétation. Les gorges granitiques ouvraient leurs perspectives bleues, traversées à la base par les sinuosités des eaux argentées. C'était un lieu de délices où tout invitait au repos, et d'où, cependant, l'imagination pouvait s'élancer encore dans de mystérieuses régions.

— Voici une ravissante surprise, dit Sabina en descendant de voiture sur le sable fin du rivage; c'est un asile contre la chaleur de midi, qui devenait intolérable. Ah! Léonce, laissons ici notre équipage et quittons des routes frayées. Voici des sentiers unis, voici un arbre jeté en guise de pont sur le torrent, voici des fleurs à cueillir, et là-bas un bois de sapins qui nous promet de l'ombre et des parfums. Ce qui me plaît ici, c'est l'absence de culture et l'éloignement des habitations.

— C'est que vous êtes ici en plein pays de montagne, répondit Léonce. C'est ici que commence le séjour des pasteurs nomades, qui vivent à la manière des peuples primitifs, conduisant leurs troupeaux d'un pâturage à l'autre, explorant des déserts qui n'appartiennent qu'à celui qui les découvre et les affronte, habitant des cabanes provisoires, ouvrage de leurs mains, qu'ils transportent à dos d'âne et plantent sur la première roche venue. Vous en pouvez voir quelques-uns là-haut vers les nuages. Dans les profondeurs, vous n'en rencontreriez point. Un jour d'orage qui fait gonfler les torrents, les emporterait. C'est l'heure de la sieste; les pâtres dorment sous leur toit de verdure. Vous voici donc au désert, et vous pouvez choisir l'endroit où il vous plaira de goûter deux heures de sommeil; car il nous faut donner ici du repos à notre attelage. Tenez, le bois de sapins qui vous attire et qui vous attend, est en effet très-propice; Lélé va y suspendre votre hamac.

— Mon hamac? Quoi! vous avez songé à l'emporter?
— Ne devais-je pas songer à tout?

La négresse Lélé les suit, portant le hamao de réseau de palmier bordé de franges et de glands, de plumes de mille couleurs artistement mélangées. Madeleine, ravie d'admiration par cet ouvrage des Indiens, suivait la noire en lui faisant mille questions sur les oiseaux merveilleux qui avaient fourni ces plumes étincelantes, et tâchait de se former une idée des perruches et des colibris dont Lélé, dans son jargon mystérieux et presque inintelligible, lui faisait la description.

On avait oublié le curé, qui s'éveilla enfin lorsqu'il ne se sentit plus bercé par le mouvement souple et continu de la voiture.

— Corpo di Bacco! s'écria-t-il en se frottant les yeux (c'était le seul juron qu'il se permît), où sommes-nous, et quelle mauvaise plaisanterie est-ce là?

— Hélas! monsieur l'abbé, dit le jockey, qui était malin comme un page, et qui comprenait fort bien les caprices gravement facétieux de son maître, nous nous sommes égarés dans la montagne, et nous ne savons pas plus que vous où nous sommes. Mes chevaux sont rendus de fatigue, et il faut absolument nous arrêter ici.

— A la bonne heure, dit le curé; nous ne pouvons pas être bien loin de Saint-Apollinaire; je ne me suis endormi qu'un instant.

— Pardon, monsieur l'abbé, vous avez dormi au moins quatre heures.

— Non, non, vous vous trompez, mon garçon; le soleil nous tombe d'aplomb sur la tête, et il ne peut pas être plus de midi, à moins qu'il ne se soit arrêté, comme cela lui est arrivé une fois. Mais vous avez donc marché comme le vent, car nous sommes à plus de quatre lieues de la Roche-Verte? Je ne me trompe pas, c'est ici le col de la Forquette, car je reconnais la croix de Saint-Basile. La frontière est à deux pas d'ici. Tenez, de l'autre côté de ces hautes montagnes, c'est l'Italie, la belle Italie, où je n'ai jamais eu le plaisir de mettre le pied! Mais, *corpo di Bacco!* si vous vous arrêtez ici, et si vos bêtes sont fatiguées, je ne pourrai pas être de retour à ma paroisse avant la nuit.

— Et je suis sûr que votre gouvernante sera fâchée? dit le malicieux groom d'un ton dolent.

— Inquiète, à coup sûr, répondit le curé, très-inquiète, la pauvre Barbe! Enfin, il faut prendre son mal en patience. Où sont vos maîtres?

— Là-bas, de l'autre côté de l'eau; ne les voyez-vous point?

— Quel caprice les a poussés à traverser cette planche qui ne tient à rien. Je ne me soucie point de m'y risquer avec ma corpulence. Si j'avais au moins une de mes lignes pour pêcher ici quelques truites! Elles sont renommées dans cet endroit.

Et le curé se mit à fouiller dans ses poches, où, à sa grande satisfaction, il trouva quelques crins garnis de leurs hameçons. Le jockey l'aida à tailler une branche, à trouver des amorces, et lui offrit ironiquement un livre pour charmer les ennuis de la pêche. Le bon homme n'y fit pas de façons, il prit *Wilhem-Meister*, autant par curiosité pour juger des principes de ses convives à leurs lectures que pour se distraire lui-même; et, remontant le cours de l'eau, il alla s'asseoir dans les rochers, partagé entre les ruses de la truite et celles de *Philine*. Au moment où la première proie mordit, il était juste à l'endroit des *petits souliers*. L'histoire ne dit pas s'il ferma le livre ou s'il manqua le poisson.

Cependant la noire Lélé et la blonde oiselière avaient attaché solidement le hamac aux branches des sapins. La belle Sabina, gracieusement étendue sur cette couche aérienne, s'offrait aux regards de Léonce dans l'attitude d'une chaste volupté. Ses larges manches de soie étaient relevées jusqu'au coude, et le bout de son petit pied, dépassant sa robe, pendait parmi les franges de plumes moins moelleuses et moins légères.

Léonce avait étendu son manteau sur l'herbe, et, couché aux pieds de la belle lady, il agitait la corde du hamac et le faisait voltiger au-dessus de sa tête. Lélé s'était arrangée aussi pour faire la sieste sur le gazon, à peu de distance, et Madeleine s'enfonça dans l'épaisseur du bois, où les cris de ses oiseaux la suivirent comme une fanfare triomphale pour célébrer la marche d'une souveraine.

Sabina et Léonce se retrouvaient donc dans un tête-à-tête assez émouvant, après avoir agité entre eux des idées brûlantes dans des termes glacés. Léonce gardait un profond silence et fixait sur lady G... des regards pénétrants qui n'avaient rien de tendre, et qui cependant lui causèrent bientôt de l'embarras.

— Pourquoi ne me répondez-vous pas? lui dit-elle après avoir vainement essayé d'engager une conversation frivole. Vous m'entendez pourtant, Léonce, car vous me regardez dans les yeux avec une obstination fatigante.

— Moi! dit-il, je ne regarde point vos yeux. Ce sont des étoiles fixes qui brillent pour briller, sans rien communiquer de leur feu et de leur chaleur aux regards des hommes. Je regarde votre bras et les plis de votre vêtement que le vent dessine.

— Oui, des manches et des draperies, c'est tout votre idéal, à vous autres artistes.

— Est-ce que cela vous déplaît d'être un beau modèle?

— Pourvu que je ne sois que cela pour vous, c'est tout ce qu'il me faut, dit-elle avec hauteur; car les yeux de Léonce n'annonçaient plus la froide contemplation du statuaire. Ils reprirent pourtant leur indifférence à cette parole dédaigneuse. Vous feriez une superbe sibylle, reprit-il, feignant de n'avoir pas entendu.

— Non, je ne suis point une nature échevelée et palpitante.

— Les sibylles de la renaissance sont graves et sévères. N'avez-vous pas vu celles de Raphaël? c'est la grandeur et la majesté de l'antique, avec le mouvement et la pensée d'un autre âge.

— Hélas! je n'ai point vu l'Italie! nous y touchons, et, par un caprice féroce de lord G..., il lui plaît de s'installer à la frontière comme pour me donner la fièvre, et m'empêcher de m'y élancer, sous prétexte qu'il y fait trop chaud pour moi.

— Il fait partout trop froid pour vous, au contraire, votre mari est l'homme qui vous connaît le moins.

— C'est dans l'ordre éternel des choses!

— Aussi vous devriez adorer votre mari, puisqu'il est l'adulateur infatigable de votre prétention à n'être pas devinée.

— Et vous, vous avez la prétention contraire à celle de mon mari. Vous me l'avez dit; mais vous ne me le prouvez pas.

— Et si je vous le prouvais à l'instant même! dit Léonce en se levant et en arrêtant le hamac avec une brusquerie qui arracha un cri d'effroi à lady G... Si je vous disais qu'il n'y a rien à deviner là où il n'y a rien? et que ce sein de marbre cache un cœur de marbre?

— Ah! voilà d'affreuses paroles! dit-elle en posant ses pieds à terre, comme pour s'enfuir, et je vous maudis, Léonce, de m'avoir amenée ici. C'est une perfidie et une cruauté! Et quels raffinements! M'enlever à ma triste nonchalance, m'entourer de soins délicats, me promener à travers les beautés de la nature et la poésie de vos pensées, flatter ma folle imagination, et tout cela pour me dire après quinze ans d'une amitié sans nuage, que vous me haïssez et ne m'estimez point!

— De quoi vous plaignez-vous, Madame? Vous êtes une femme du monde, et vous voulez, avant tout, être respectée comme le sont les vertueuses de ce monde-là. Eh bien! je vous déclare invincible, moi qui vous connais depuis quinze ans, et votre orgueil n'est pas satisfait?

— Être vertueuse par insensibilité, vertueuse par absence de cœur, l'étrange éloge! Il y a de quoi être fière!

— Eh bien, vous avez un immense orgueil allié à une immense vanité, réplique Léonce avec une irritation croissante. Vous voulez qu'on sache bien que vous êtes impeccable, et que le cristal le plus pur est souillé auprès de votre gloire. Mais cela ne vous suffit pas. Il faut encore qu'on croie que vous avez l'âme tendre et ardente, et qu'il n'y a rien d'aussi puissant que votre amour, si ce n'est votre propre force. Si l'on est paisible et recueilli en présence de votre sagesse, vous êtes inquiète et mécontente. Vous voulez qu'on se tourmente pour deviner le mystère d'amour que vous prétendez renfermer dans votre sein. Vous voulez qu'on se dise que vous tenez la clef d'un paradis de voluptés et d'ineffables tendresses, mais que nul n'y pénétrera jamais; vous voulez qu'on désire, qu'on regrette, qu'on palpite auprès de vous, qu'on souffre enfin! Avouez-le donc tout au ras, dit tout le secret de votre ennui; car il n'est point de rôle plus fatigant et plus amer que celui auquel vous avez sacrifié toutes les espérances de votre jeunesse et tous les profits de votre beauté!

— Il est au-dessous de moi de me justifier, répondit Sabina, pâle et glacée d'indignation; mais vous m'avez donné le droit de vous juger à mon tour et de vous dire qui vous êtes: ce portrait que vous avez tracé de moi, c'est le vôtre; il ne s'agissait que de l'adapter à la taille d'un homme, et je vais le faire.

V.

LE FAUNE.

— Parlez, Madame, dit Léonce, je serai bien aise de me voir par vos yeux.

— Vous ne le serez pas, je vous en réponds, poursuivit Sabina outrée, mais affectant un grand calme; homme et artiste, intelligent et beau, riche et patricien, vous savez être un mortel privilégié. La nature et la société vous ayant beaucoup donné, vous les avez secondées avec ardeur, possédé du désir qui tourmentait déjà votre enfance, d'être un homme accompli. Vous avez si bien cultivé vos brillantes dispositions, et si noblement gouverné votre fortune, que vous êtes devenu le riche le plus libéral et l'artiste le plus exquis. Si vous fussiez né pauvre et obscur, la palme de la gloire vous eût été plus difficile et plus méritoire à conquérir. Vous eussiez eu plus de souffrance et plus de feu, moins de science et plus de génie. Au lieu d'un talent de premier ordre, toujours correct et souvent très-froid, vous eussiez eu une inspiration inégale, mais brûlante.

— Ah! Madame, dit Léonce en l'interrompant, vous avez peu d'invention, et vous ne faites ici que répéter ce que je vous ai dit cent fois de moi-même. Mais, en même temps, vous me donnez raison sur un autre point, à savoir que l'homme du peuple peut valoir et surpasser l'homme du monde à beaucoup d'égards.

— Vous croyez prouver un grand cœur et un grand esprit en disant ces choses-là? C'est la mode, une mode recherchée, et qu'il est donné à peu d'hommes du monde de porter avec goût. Vous n'y commettrez jamais d'excès, parce qu'au fond du cœur, vous n'êtes pas moins aristocrate que moi; je vous défierais bien d'être sérieusement épris de la fille aux oiseaux, malgré vos théories sur la paternité directe de Dieu à l'esclave. Mais, laissez-moi arriver à mon parallèle, et vous verrez que vous n'avez pas su garder votre emphatique *incognito* avec moi. Jaloux d'être admiré, vous n'avez point prodigué votre jeunesse, et vous avez fort bien compris qu'il n'y a point d'idéal pour la femme intelligente qui possède et connaît un homme à toutes les heures de la vie. Aussi, n'avez-vous point aimé, et avez-vous toujours agi de manière à frapper l'esprit de ce sexe curieux, sans lui permettre de s'emparer de votre volonté. Vous avez fait des passions, je le sais, et vous n'en avez point éprouvé. Ce qui nous distingue l'un de l'autre, et ce qui fait que mon orgueil a plus de mérite que le vôtre, ce sont les privilèges de votre sexe. Vous n'avez point sacrifié les jouissances vulgaires au culte de la dignité. Vos modèles ont été des modèles de choix, des filles souverainement belles, et assez jeunes pour que vous n'eussiez point à rougir devant trop de gens, d'en faire vos maîtresses; ces divines filles du peuple, vous vous êtes persuadé que vous les aimiez, et, pour piquer l'amour-propre des femmes du monde, vous avez affecté de dire que la beauté physique entraînait la beauté morale, que la simplicité de ces esprits incultes était le temple de l'amour vrai, que sais-je? vérités peut-être, mais auxquelles vous n'avez jamais cru en les proclamant; car, je ne sache pas qu'aucune de ces divinités plébéiennes vous ait pleinement captivé ou fixé longtemps. Statuaire, vous n'avez vu en elles que des statues; et, quant aux femmes de votre caste, vous n'avez jamais recherché sincèrement celles qui avaient de l'esprit. C'est avec celles-là que vous jouez précisément le rôle que vous m'attribuez, posant devant elles avec un art et une poésie admirables les passions byroniennes, mais ne laissant approcher personne assez près de votre cœur pour qu'on y pût saisir le ver de la vanité qui le ronge.

Léonce garda longtemps le silence après que Sabina eut fini de parler. Il paraissait profondément abattu, et cette tristesse, qui ne se raidissait pas sous le fouet de

Sabina, gracieusement étendue. (Page 14.)

la critique, le rendit très-supérieur en cet instant à la femme vindicative qui le flagellait. Sabina s'en aperçut et comprit ce qu'il y a de plus mâle dans l'esprit de l'homme, ce penchant ou cette soumission irrésistible à la vérité, que l'éducation et les habitudes de la femme s'appliquent trop victorieusement à combattre. Elle eut des remords de son emportement, car elle vit que Léonce se reprochait le sien et sondait son propre cœur avec effroi. Elle eut envie de le consoler du mal qu'elle venait de lui faire, puis elle eut peur que sa méditation ne cachât quelque pensée de haine profonde et de vengeance raffinée. Cette crainte la frappa au cœur; car, aussi bien que Léonce, elle valait mieux que son portrait, et les sources de l'affection n'étaient point taries en elle. Elle essaya vainement de retenir ses larmes; Léonce entendit des sanglots s'échapper de sa poitrine.

— Pourquoi pleurez-vous? lui demanda-t-il en s'agenouillant à ses pieds et en prenant sa main dans les siennes.

— Je pleure notre amitié perdue, répondit-elle en se penchant vers lui et en laissant tomber quelques larmes sur ses beaux cheveux. Nous nous sommes mortellement blessés, Léonce; nous ne nous aimons plus. Mais puisque c'en est fait, et que nous n'avons plus à craindre que l'amour nous gâte le passé, laissez-moi pleurer sur ce passé si pur et si beau! laissez-moi vous dire ce qu'apparemment vous ne compreniez pas, puisque vous avez pu, de gaieté de cœur, entamer cette lutte meurtrière. Je vous aimais d'une douce et véritable amitié; je me reposais sur votre cœur comme sur celui d'un frère; j'espérais trouver en vous protection et conseil dans tout le cours de ma vie. Vos défauts me semblaient petits et vos qualités grandes. Maintenant, adieu, Léonce. Reconduisez-moi chez mon mari. Vous aviez bien raison de m'annoncer pour cette journée des émotions imprévues, et si terribles que je n'en perdrai jamais le souvenir. Je ne les prévoyais pas si amères, et je ne comprends pas pourquoi vous me les avez données. Pourtant, au moment où je sens qu'elles ont tout brisé entre nous, je sens aussi que la douleur surpasse la colère, et je ne veux pas que notre dernier adieu soit une malédiction.

Sabina effleura de ses lèvres le front de Léonce, et ce baiser chaste et triste, le seul qu'elle lui eût donné de sa vie, renoua le nœud qu'elle croyait délié.

Il aperçut bientôt le curé qui pêchait. (Page 18.)

— Non, ma chère Sabina, lui dit-il en couvrant ses deux mains de baisers passionnés; ce n'est pas un adieu, et il n'y a rien de brisé entre nous. Vous m'êtes plus chère que jamais, et je saurai reconquérir ce que j'ai risqué de perdre aujourd'hui. J'y mettrai tous mes soins et vous en serez touchée, quand même vous résisteriez. Calmez-vous donc, noble amie; vos larmes tombent sur mon cœur et le renouvellent comme une rosée bienfaisante sur une plante prête à mourir. Il y a du vrai dans ce que nous nous sommes dit mutuellement, beaucoup de vrai; mais ce sont là des vérités relatives qui ne sont pas réelles. Comprenez bien cette distinction. Nous sommes artistes tous les deux et nous ne pouvons pas traiter un sujet avec animation sans que la logique, la plastique, si vous voulez, ne nous entraîne, de conséquence en conséquence, jusqu'à une synthèse admirable. Mais cette synthèse est une fiction, j'en suis certain pour vous et pour moi. Nous avons les défauts que nous nous sommes reprochés; mais ce sont là les accidents de notre caractère et les hasards de notre vie. En les étudiant avec nous avons été *inspirés* jusqu'à les transformer essentiels de notre nature, en habitudes effro

notre conduite. Il n'en est rien pourtant, puisque nous voici cœur à cœur, pleurant à l'idée de nous quitter et sentant que cela nous est impossible.

— Eh bien, vous avez raison, Léonce, dit lady G... en essuyant une larme et en passant ses belles mains sur les yeux de Léonce, peut-être par tendresse naïve, peut-être pour se convaincre que c'étaient de vraies larmes aussi qu'elle y voyait briller. Nous avons fait de l'art, n'est-ce pas? et il ne nous reste plus qu'à décider lequel de nous a été le plus habile, c'est-à-dire le plus menteur.

— C'est moi, puisque j'ai commencé, et je réclame le prix. Quel sera-t-il?

— Votre pardon.

— Et un long baiser sur ce bras si beau, que j'ai toujours regardé avec effroi.

— Voilà que vous redevenez artiste, Léonce!

— Eh bien! pourquoi non?

— Pas de baisers, Léonce, mieux que cela. Passons le reste de la journée, et reprenez votre rôle de doct r, pourvu que vous me traitiez à moins fortes ! nous ferons de l'homéopathie, dit Léonce en baisant le bras qu'elle parut lui abandonner machinalement, et qu'elle lui retira en voyant la négresse se réveiller. Replacez-vous dans votre hamac et dormez tout de bon. Je vous bercerai mollement ; ces larmes vous ont fatiguée, la chaleur est extrême, et nous devons attendre que le soleil baisse pour quitter les bois.

La singularité et la mobilité des impressions de Léonce donnaient de l'inquiétude à lady G... Son regard avait une expression qu'elle ne lui avait encore jamais trouvée, et il lui était facile de sentir, au bercement un peu saccadé du hamac, qu'il tenait le cordon d'une main tremblante et agitée. Elle vit donc avec plaisir reparaître Madeleine, qui, après avoir taquiné la négresse, en lui chatouillant les paupières et les lèvres avec un brin d'herbe, revint admirer le hamac et relayer Léonce, malgré lui, dans son emploi de berceur.

— Elle est trop familière, vous l'avez déjà gâtée, dit Léonce en anglais à Sabina. Laissez-moi chasser cet oiseau importun.

— Non, répondit lady G... avec une angoisse évidente, laissez-la me bercer ; ses mouvements sont plus moelleux que les vôtres ; et d'ailleurs vous avez trop d'esprit pour que je m'endorme facilement auprès de vous. La familiarité de cet enfant m'amuse ; je suis lasse d'être servie à genoux.

Là-dessus elle s'endormit ou feignit de s'endormir, et Léonce s'éloigna, dépité plus que jamais.

Il sortit du bois et marcha quelque temps au hasard. Il aperçut bientôt le curé qui pêchait à la ligne, et le jockey qui était venu lui tenir compagnie, pendant que les chevaux paissaient en liberté dans une prairie naturelle à portée de sa vue, et que la voiture était remisée à l'ombre beaucoup plus loin. Certain de les retrouver quand il voudrait, Léonce s'enfonça dans une gorge sauvage, et marcha vite pour calmer ses esprits surexcités et troublés.

Sa mauvaise humeur se dissipa bientôt à l'aspect des beautés de la nature. Il avait tourné plusieurs rochers, et il se trouvait au bord d'un lac microscopique, ou plutôt d'une flaque d'eau cristalline enfouie et comme cachée dans un entonnoir de granit. Cette eau, profonde et brillante comme le ciel, dont elle reflétait l'azur embrasé et les nuages d'or, offrait l'image du bonheur dans le repos. Léonce s'assit au rivage dans une infractuosité du roc, qui formait des degrés naturels comme pour inviter le voyageur à descendre au bord de l'onde tranquille. Il regarda longtemps les insectes au corsage de turquoise et de rubis qui effleuraient les plantes fontinales ; puis il vit passer, dans le miroir du lac, une bande de ramiers qui traversait les airs et qui disparut comme une vision, avec la rapidité de la pensée. Léonce se dit que les joies de la vie passaient aussi rapides, aussi insaisissables, et que, comme cette réflexion de l'image voyageuse, elles n'étaient que des ombres. Puis il se trouva ridicule de faire ainsi des métaphores germaniques, et envia la tranquillité d'âme du curé, qui, dans ce beau lac, n'eût vu qu'un beau réservoir de truites.

Un léger bruit se fit entendre au-dessus de lui. Un instant il crut que Sabina venait le rejoindre ; mais le battement de son cœur s'apaisa bien vite à la vue du personnage qui descendait les degrés du roc, dont il occupait le dernier degré.

C'était un grand gaillard, plus que pauvrement vêtu, qui portait au bout d'un bâton passé sur son épaule, un mince paquet serré dans un mouchoir rouge et bleu. Ses haillons, ses longs cheveux tombant sur un visage pâle et fortement dessiné, son épaisse barbe noire comme de l'encre, sa démarche nonchalante, et ce je ne sais quoi de railleur qui caractérise le regard du vagabond lorsqu'il rencontre le riche seul et face à face, tout lui donnait l'aspect d'un franc vaurien.

Léonce pensa qu'il était dans un endroit très-désert et que le quidam avait sur lui tout l'avantage de la position, car le sentier était trop étroit pour deux, et il ne fallait pas se le disputer longtemps pour que le lac reçût dans son onde muette et mystérieuse celui qui n'aurait pas les meilleurs poings, et la meilleure place pour combattre.

Dans cette éventualité, qui ne troubla pourtant pas beaucoup Léonce, il prit un air d'indifférence et attendit la rencontre de l'inconnu dans un calme philosophique. Cependant il put compter avec une légère impatience le nombre de pas qui retentit sur le rocher, jusqu'à ce que le vagabond eût atteint le dernier degré et se trouvât juste à ses côtés.

— Pardon, Monsieur, si je vous dérange, dit alors l'inconnu d'une voix sonore et avec un accent méridional très-prononcé ; mais si c'était un effet de votre courtoisie, Votre Seigneurie se rangerait un peu pour me laisser boire.

— Rien de plus juste, répondit Léonce en le laissant passer et en remontant un degré, de manière à se trouver immédiatement derrière lui.

L'inconnu ôta son chapeau de paille déchiré, et s'agenouillant sur le roc, il plongea avidement dans l'eau sa sauvage barbe et la moitié de son visage, puis on l'entendit humer comme un cheval, ce qui donna à Léonce l'envie facétieuse de siffler en cadence comme on fait pour occuper ces animaux impatients et ombrageux pendant qu'ils se désaltèrent.

Mais il s'abstint de cette plaisanterie, et il envia la confiance superbe avec laquelle ce misérable se plaçait ainsi sous ses pieds, la tête en avant, le corps abandonné, dans un tête-à-tête qui eût pu devenir funeste à l'un des deux en cas de mésintelligence. « Voilà le seul bonheur du pauvre, pensa encore Léonce ; il a la sécurité en de semblables rencontres. Nous voici deux hommes, peut-être d'égale force : l'un ne saurait pourtant boire sous l'œil de l'autre sans regarder un peu derrière lui, et celui qui peut se désaltérer gratis avec cette volupté, ce n'est pas le riche. »

Quand le vagabond eut assez bu, il redressa son corps, et, restant assis sur ses talons : — Voilà, dit-il, de l'eau bien tiède à boire, et qui doit désaltérer en entrant par les pores plus qu'en passant par le gosier. Qu'en pense Votre Seigneurie ?

— Auriez-vous la fantaisie de prendre un bain ? dit Léonce, incertain si ce n'était pas une menace.

— Oui, Monsieur, j'ai cette fantaisie, répondit l'autre ; et il commença tranquillement à se déshabiller, ce qui ne prit guère de temps, car il n'était point surchargé de toilette, et à peine avait-il sur lui une seule boutonnière qui ne fût rompue.

— Savez-vous nager, au moins ? lui demanda Léonce. Ceci est un large puits ; il n'y a point de rivage du côté où nous sommes, le rocher tombe à pic à une grande profondeur vraisemblablement.

— Oh ! Monsieur, fiez-vous à un ex-professeur de natation dans le golfe de Baja, répondit l'étranger ; et, enlevant lestement le lambeau qui lui servait de chemise, il s'élança dans le lac avec l'aisance d'un oiseau amphibie.

Léonce prit plaisir à le voir plonger, disparaître, pendant quelques instants, puis revenir à la surface sur un point plus éloigné, traverser la nappe étroite du petit lac en un clin d'œil se laisser porter sur le dos, se placer debout comme s'il eût trouvé pied, puis folâtrer en lançant autour de lui des flots d'écume, le tout avec une grâce naturelle et une vigueur admirable.

Bientôt, pourtant, il revint au pied du roc, et, comme le bord était en effet très-escarpé, il pria Léonce de lui tendre la main pour l'aider à remonter. Le jeune homme s'y prêta de bonne grâce, tout en se tenant sur ses gardes, pour n'être pas entraîné par surprise, et, le voyant assis sur la pierre échauffée par le soleil, il ne put s'empêcher d'admirer la force et la beauté de son corps, dont la blancheur contrastait avec sa figure et ses mains un peu hâlées. — Cette eau est plus froide que je ne pensais, dit le nageur ; elle n'est échauffée qu'à la surface, et je n'aurai de plaisir qu'en m'y plongeant pour la seconde fois. D'ailleurs, voici l'occasion de faire un peu de toilette.

Et il tira de son maigre paquet une grande coquille qui lui servait de tasse, mais dont il avait dédaigné de se servir pour boire. Il la remplit d'eau à diverses reprises et s'en arrosa la tête et la barbe, lavant et frottant avec un soin extrême et une volupté minutieuse cette riche toison noire qui, toute ruisselante, le faisait ressembler à une sauvage divinité des fleuves. Puis, comme le soleil, tombant d'aplomb sur sa nuque et sur son front, commençait à l'incommoder, il arracha des touffes de joncs et d'iris qu'il roula ensemble, et dont il fit un chapeau ou plutôt une couronne de verdure et de fleurs. Le hasard ou un certain goût naturel voulut que cette coiffure se trouvât disposée d'une façon si artiste qu'elle compléta l'idée qu'on pouvait se faire, en le regardant, d'un Neptune antique.

Il bondit une seconde fois dans le lac, atteignit la rive opposée, et courant sur la pente qui était adoucie et couverte de végétation de ce côté-là, il cueillit de superbes fleurs de *nymphea* blanc qu'il plaça dans sa couronne. Enfin, comme s'il eût deviné l'admiration réelle qu'il causait à Léonce, il se fit une sorte de vêtement avec une ceinture de roseaux et de feuilles aquatiques; et alors, libre, fier et beau comme le premier homme, il s'étendit sur un coin de sable fin et parut rêver ou s'endormir au soleil, dans une attitude majestueuse.

Léonce, frappé de la perfection d'un semblable modèle, ouvrit son album et essaya de faire un croquis de cet être bizarre, qui, réflété dans l'eau limpide, à demi nu et à demi vêtu d'herbes et de fleurs, offrait le plus beau type qu'un artiste ait jamais eu le bonheur de contempler, dans un cadre naturel de rochers sombres, de feuillages éclatants et de sables argentés, merveilleusement appropriés au sujet. Les flots de la lumière coupée des fortes ombres du rocher, le reflet que l'eau projetait sur ce corps humide et transparent, tout se réunissait pour donner à Léonce une des plus complètes jouissances d'art et un des plus vifs sentiments poétiques qu'il eût jamais éprouvés; car, bien que statuaire, il était aussi sensible à la beauté de la couleur qu'à celle de la forme.

Tout à coup il ferma son album, et le jetant loin de lui : « Honte à moi, se dit-il, de vouloir retracer une scène que Raphaël ou Véronèse, Giorgion, Rubens ou le Poussin eussent été jaloux de contempler! Oui, les grands maîtres de la peinture eussent été seuls dignes de reproduire ce que moi j'ai surpris et comme dérobé à la bienveillance du hasard. C'est bien assez pour moi, qui ne saurais manier un pinceau, de le voir, de le sentir et de le graver dans ma mémoire. »

Le vagabond sembla deviner sa pensée, car, à sa très-grande surprise, il lui cria en italien, après lui avoir demandé s'il comprenait cette langue : « C'est de l'antique, n'est-ce pas, *Signore*? Voulez-vous du Michel-Ange? En voici. » Et il prit une attitude plus bizarre, mais belle encore, quoique tourmentée. « Maintenant du Raphaël, reprit-il en changeant de posture ; c'est plus gracieux et plus naturel ; mais quoi qu'on en dise, le muscle y joue encore un peu trop... Le Jules Romain s'en ressentira encore, mais ce n'est pas à dédaigner. » Et quand il se fut posé *à la Jules Romain*, il reprit sa première attitude, en ajoutant : « Celle-ci est la meilleure, c'est du Phidias, et on aura beau chercher on ne trouvera rien de mieux.

— Vous faites donc le métier de modèle? lui dit Léonce, un peu désenchanté de ce qui lui avait d'abord semblé naïf et imprévu dans cet homme.

— Oui, Monsieur, celui-là et bien d'autres, répondit le nageur, qui était venu se poser au milieu du lac sur un rocher qui formait îlot, et sur lequel il se dressa comme sur un piédestal. Si j'avais une vieille cruche, je vous représenterais ici, avec mes roseaux, un groupe dans le goût de Versailles, quoique je n'y sois pas encore allé; mais nous avons à Naples beaucoup de choses dans ce style-là. Si j'avais un tambour de basque, je vous montrerais diverses figures napolitaines qui ont plus de grâce et d'esprit dans leur petit doigt que tout votre grand siècle dans ses blocs de marbre et de bronze. Mais puisque je ne puis plus rien pour charmer vos yeux, je veux au moins charmer vos oreilles. Si vous êtes Apollon, ne me traitez pas comme Marsyas; mais, fussiez-vous un maestro renommé, vous conviendrez que la voix est belle. Je sens que cette eau froide et toutes mes poses vigoureuses m'ont élargi le poumon, et j'ai une envie folle de chanter.

— Chantez, mon camarade, dit Léonce. Si votre ramage répond à votre plumage, vous n'avez pas à craindre mon jugement.

VI.

AUDACES FORTUNA JUVAT.

Alors l'Italien chanta dans sa langue harmonieuse trois strophes empreintes du génie hyperbolique de sa nation, et dont nous donnerons ici la traduction libre. Il les adaptait à un de ces airs de l'Italie méridionale, dont on ne saurait dire s'ils sont les chefs-d'œuvre de maîtres inconnus, ou les mâles inspirations fortuites de la muse populaire :

« Passez, nobles seigneurs, dans vos gondoles bigarrées; vous presserez en vain à l'allure de vos rameurs intrépides ; j'irai plus vite que vous avec mes bras souples comme l'onde et blancs comme l'écume. Couvert de mes haillons, je suis un des derniers sur la terre; mais, libre et nu, je suis le roi de l'onde et votre maître à tous !

« Fuyez, nobles dames, sur vos barques pavoisées ; vous détournerez en vain la tête, en vain vous couvrirez de l'éventail vos fronts pudiques ; le mien attirera toujours vos regards, et vous suivrez de l'œil, à la dérobée, ma chevelure noire flottante sur les eaux. Avec mes haillons, je vous fais reculer de dégoût; mais, libre et nu, je suis le roi du monde et le maître de vos cœurs !

« Nagez, oiseaux de la mer et des fleuves; fendez de vos pieds de corail le flot amer qui vous balance. Avec ma poitrine solide comme la proue d'un navire, avec mes bras souples comme votre cou lustré, je vous suivrai dans vos nids d'algue et de coquillages. Couvert de mes haillons, je vous effraie ; mais, libre et nu, je suis le roi de l'onde, et vous me prenez pour l'un d'entre vous ! »

La voix du chanteur était magnifique, et aucun artiste en renom n'eût pu surpasser la franchise de son accent, la naïveté de sa manière, la puissance de son sentiment exalté. Léonce se crut transporté dans le golfe de Salerne ou de Tarente, sous le ciel de l'inspiration et de la poésie.

— Par Amphitrite ! s'écria-t-il, tu es un grand poëte et un grand chanteur, noble jeune homme ! et je ne sais comment te récompenser du plaisir que tu viens de me causer. Quel est donc ce chant admirable, quelles sont donc ces paroles étranges?

— Le chant est de quelque dieu égaré sur les cimes de l'Apennin, qui l'aura confié aux échos, lesquels l'auront murmuré à l'oreille des pâtres et des pêcheurs ; mais les paroles sont de moi, Signor, car, avec votre permission, je suis improvisateur quand il me plaît de l'être. Notre langue mélodique est à la portée de tous ; et quand nous avons une idée, nous autres poëtes naturels, enfants du soleil, l'expression ne se fait pas désirer longtemps.

— Tu me répéteras ces paroles ; je veux les écrire.

— Si je vous les répète, ce sera autrement. Mes chants s'envolent de moi comme la flamme du foyer, je puis les renouveler et non les retenir. Peut-être trouvez-vous celles-ci un peu fanfaronnes ; c'est le privilège du poëte. Otez-lui la gloriole, vous lui ôterez son génie.

— Tu as le droit de vanter, car tu es une nature privilégiée, répondit Léonce, et quelle que soit ta condition, tu mériterais d'être un des premiers sur la terre. Tu m'as charmé ; viens ici, et conte-moi ta misère, je veux la faire cesser.

L'inconnu revint au rivage. — Hélas ! dit-il, vous avez vu le faune antique dans toute sa liberté, l'homme de la nature dans toute sa poésie. A présent, vous allez voir le porteur de haillons dans toute sa laideur et dans toute sa misère ; car il faut bien que je reprenne cette triste livrée, en attendant qu'elle me quitte, ou que je trouve l'emploi de mon génie pour renouveler ma garde-robe. Vous paraissez surpris? J'ai bien lu dans vos regards, lorsque je me suis approché de vous pour la première fois, que mon aspect vous causait de la répugnance.

Vous m'avez trouvé laid, effrayant, peut-être. Mais quand j'ai eu dépouillé ma souquenouille de mendiant, quand cette eau lustrale m'a débarrassé de mes souillures, quand vous m'avez vu purifié de la fange et de la poussière des chemins ; ce corps qui a servi quelquefois de modèle aux premiers sculpteurs de ma patrie, ce visage qui n'est point dégradé par la débauche et auquel la fatigue et les privations n'ont pas ôté encore la jeunesse et la beauté, ces membres où la nature a prodigué son luxe, et ce sentiment du beau que l'homme intelligent porte sur son front et dans toutes ses habitudes ; tout ce qui fait enfin, Monsieur, que, nu, je suis l'égal et peut-être le supérieur des hommes les mieux vêtus, vous a frappé enfin, et vous avez essayé de me classer dans vos impressions d'artiste. Mais vous n'avez pas réussi, j'en suis certain ; les œuvres de l'art ne sont rien quand elles ne peuvent renchérir sur celles de Dieu. Si vous êtes peintre, vous me retrouverez quelque jour dans vos souvenirs, un jour que l'inspiration vous saisira ! Aujourd'hui, vous ne me reproduirez pas !... D'autant plus, ajouta-t-il avec un amer sourire, que la pièce est jouée, et que ma divinité va disparaître sous la flétrissure de l'indigence.

Cet homme parlait avec une facilité extraordinaire et avec un accent d'une noblesse inconcevable. Sa figure, éclairée d'un rayon d'enthousiasme, et aussitôt voilée par un profond sentiment de douleur, était d'une beauté inouïe ; jamais plus nobles traits, jamais expression plus fine et plus pénétrante n'avaient attiré l'attention de Léonce.

— Monsieur, lui dit-il, dominé par un respect involontaire, vous êtes certainement au-dessus de la misérable condition sous les dehors de laquelle vous m'êtes apparu ; vous êtes quelque artiste malheureux : permettez-moi de vous secourir et de vous récompenser ainsi de la jouissance poétique que vous m'avez procurée.

Mais l'inconnu ne parut pas avoir entendu les paroles de Léonce. Courbé sur le rivage, il dépliait, avec une répugnance visible, les hardes ignobles qu'il était obligé de reprendre pour cacher sa nudité.

— Voilà, dit-il en laissant retomber ses guenilles par terre, un supplice que je ne souhaite de ne pas connaître. L'Italien aime la parure, l'artiste aime le bien-être, le luxe, les parfums, la propreté ; cette mollesse exquise qui renouvelle l'âme et le corps après des exercices mâles et salutaires. Personne ne peut comprendre ce qu'il m'en coûte de me montrer aux hommes, aux femmes surtout ! avec une blouse déchirée et un pantalon qui montre la corde.

— Oh ! je vous comprends et je vous plains, répondit Léonce ; mais je puis faire cesser aujourd'hui votre peine, Dieu merci ! Il fait assez chaud pour que vous restiez ici à m'attendre au soleil un quart d'heure ; je vous promets que, dans un quart d'heure, je serai de retour avec des vêtements capables de contenter votre honnête et légitime fantaisie. Attendez-moi.

Et, avant que l'Italien eût répondu, Léonce s'élança sur le sentier, courut à sa voiture et en retira une valise élégante et légère, qu'il rapporta au bord du lac. Il retrouva son Italien dans l'eau, occupé à cueillir une gerbe des belles fleurs aquatiques, qu'il lui rapporta d'un air de triomphe naïf, et qu'il lui présenta avec une grâce affectueuse.

— Je ne puis vous donner autre chose en échange de ce que vous m'apportez, dit-il, je n'ai rien au monde ; mais, grâce à mon adresse et à mon courage, je puis m'approprier les plus rares trésors de la nature, les plus belles fleurs, les plus précieux échantillons minéralogiques, les cristaux, les pétrifications, les plantes des montagnes ; je puis vous donner tout cela si vous voulez que je vous suive dans vos promenades ; et même, si vous avez ici un fusil, je puis abattre l'aigle et le chamois et les déposer au pied de votre maîtresse ; car je suis le plus adroit chasseur que vous ayez rencontré, comme le plus hardi piéton et le plus agile nageur.

Malgré cette naïveté de vanterie italienne, l'effusion du jeune homme ne déplut point à Léonce. Sa figure éclairée par la joie et la reconnaissance avait un éclat, une franchise sympathique, qui gagnaient l'affection. En dix minutes, il transforma le vagabond en un jeune élégant du meilleur ton, en tenue de voyage. Il n'y avait dans la valise de Léonce que des habits du matin, de quoi suffire à une charmante toilette de campagne, vestes légères et bien coupées, cravates de couleurs fines et d'un ton frais, linge magnifique, pantalons d'été en étoffes de caprice, souliers vernis, guêtres de casimir clair à boutons de nacre. L'Italien choisit sans façon tout ce qu'il y avait de mieux. Il était à peu près de la même taille que Léonce, et tout lui allait à merveille ; il n'oublia pas de prendre une paire de gants, dont il respira le parfum avec délices. Et quand il se vit ainsi rafraîchi et paré de la tête aux pieds, il se jeta dans les bras de son nouvel ami, en s'écriant qu'il lui devait la plus grande jouissance qu'il eût éprouvée de sa vie. Puis il poussa du bout du pied dans le lac ses haillons, qui lui faisaient horreur, et, dénouant son petit paquet, dont il noya aussi l'enveloppe grossière, il en tira, à la grande surprise de Léonce, un portrait de femme entouré de brillants ; une chaîne d'or assez lourde, et deux mouchoirs de batiste garnis de dentelle. C'était là tout ce que contenait son havresac de voyage.

— Vous êtes surpris de voir qu'une espèce de mendiant eût conservé ces objets de luxe, dit-il en se parant de sa chaîne d'or, qu'il étala de son mieux sur son gilet blanc ; c'était tout ce qui me restait de ma splendeur passée, ce dont je ne m'en serais défait qu'à la dernière extrémité. *Che volete, Signor mio? pazzia!*

— Vous avez donc été riche ? lui demanda Léonce, frappé de l'aisance avec laquelle il portait son nouveau costume.

— Riche pendant huit jours, je l'ai été cent fois. Vous voulez savoir mon histoire ? je vais vous la dire.

— Eh bien, racontez-moi en marchant, et suivez-moi, dit Léonce. Nous allons reporter à nous deux cette valise dans ma voiture.

— Vous êtes en voyage, Signor ?

— Non, mais en promenade, et pour plusieurs jours peut-être. Voulez-vous être de la partie ?

— Ah ! de grand cœur, d'autant plus que je peux vous être à la fois utile et agréable. J'ai plusieurs petits talents, et je connais déjà à fond ces montagnes dans lesquelles j'erre depuis huit jours. Je ne puis rester nulle part. Ma tête emporte sans cesse mes jambes pour se venger de mon cœur, qui l'emporte elle-même à chaque instant. Mais pour vous faire comprendre ma manière de voyager, c'est-à-dire ma manière de vivre, il faut que je me fasse connaître tout entier.

« J'ignore le lieu de ma naissance, et je ne sais à quelle grande dame coupable ou à quelle malheureuse fille égarée je dois le jour. La femme d'un marchand de poissons me recueillit un matin dans la campagne de Rome, au bord du Tibre, et me donna le nom de Teverino, autrement dit Tiberinus. J'avais environ deux ans ; je ne pouvais dire d'où je venais, ni le nom de mes parents. Cette bonne âme m'éleva malgré sa misère. Elle n'avait plus de fils, et elle compta sur moi pour l'assister et la soutenir quand je serais en âge de travailler. Malheureusement, je n'étais pas né avec le goût du travail ; la nature m'a gratifié d'une paresse de prince, et c'est ce qui m'a toujours fait croire que j'étais d'un sang illustre, bien que par mon esprit j'appartienne au peuple. Il faut que l'un des deux auteurs de mes jours ait été de cette race de pauvres diables qui sont destinés à tout conquérir par eux-mêmes ; et, dans mon origine problématique, c'est le côté dont je suis le moins porté à rougir. Tant que je fus un petit enfant, j'aimai la pêche, mais plutôt comme un art que comme un métier. Oui, je me sentais déjà né pour les inventions de l'intelligence. Ardent aux exercices périlleux et violents, je n'avais pas le goût du lucre. J'éprouvais un plaisir extrême à guetter, à surprendre et à conquérir la proie. Je ne savais pas la faire marchander pour la vendre. Je perdais l'argent, ou je me laissais emprunter par le premier venu. J'avais trop bon cœur pour rien refuser à mes petits camarades. Je les aidais à bien placer leurs marchandises au lieu de demander la préférence sur eux. Enfin je mettais ma pauvre mère adoptive au désespoir par mon désintéressement et ma libéralité, qu'elle appelait bêtise et inconduite.

« A mesure que j'acquérais des forces, l'âge lui en ôtait, si bien qu'un jour, n'ayant plus la force de me battre, la seule consolation qu'elle eût goûtée avec moi jusqu'alors, elle me mit à la porte en me donnant sa malédiction et deux carlini.

« J'avais dix ans, j'étais beau comme Cupidon. Un peintre estimé qui m'avait remarqué dans la rue me prit chez lui pour lui servir de modèle, et fit, d'après moi, un saint Jean-Baptiste enfant, puis un Giotto, puis un Jésus enseignant dans le temple; et, quand il eut assez de ma figure, il me renvoya avec vingt pièces d'or, en me recommandant de me vêtir un peu mieux, si je voulais me présenter quelque part pour gagner ma vie. Je sentais déjà naître en moi le goût du luxe; néanmoins je compris que ce n'était pas le moment de me satisfaire de cette façon. Je courus chez ma mère d'adoption, je lui donnai tout ce que j'avais reçu, et, comme touchée de mon bon cœur, elle voulait me retenir chez elle; je lui déclarai que j'avais pris goût à l'indépendance, et que je voulais être libre désormais de choisir ma profession.

« Cette profession fut bientôt trouvée, c'est-à-dire qu'il s'en offrit cent, et que je n'en pris aucune exclusivement. J'avais l'amour du changement, la passion de la liberté, une curiosité effrénée pour tout ce qui me semblait noble et beau. J'avais déjà une belle voix, ma figure et mon esprit se recommandaient d'eux-mêmes. Sûr de charmer les yeux et les oreilles, je n'avais point de souci à prendre et ne songeais qu'à cultiver mes facultés naturelles. Tour à tour modèle, batelier, jockey, enfant de chœur, figurant de théâtre, chanteur des rues, marchand de coquillages, garçon de café, cicérone... Ah! Monsieur, ce dernier emploi fut, avec celui de modèle, celui qui profita le plus, sinon à ma bourse, du moins à mon intelligence. La conversation des artistes et l'étude journalière des chefs-d'œuvre de l'art, développèrent tellement mes idées, que bientôt je me sentis supérieur, par mes conceptions et par mes jugements, aux sculpteurs et aux peintres qui s'essayaient à reproduire ma figure, aux voyageurs de toutes les nations que j'initiais à la connaissance des merveilles de Rome. En m'apercevant de l'ignorance ou de la pauvreté d'esprit de tous ceux à qui j'avais affaire, je sentis, de plus en plus, le besoin d'être un esprit supérieur. Je n'aimais point la lecture. S'instruire dans les livres est un travail trop froid et trop long pour la rapidité de ma compréhension. Je m'appliquai donc à approcher le plus possible des hommes vraiment capables, et sacrifiant presque toujours mes intérêts à ce but, je m'instruisis de toutes choses en écoutant parler. Batelier ou jockey, j'observai et je connus les habitudes et les mœurs des gens du monde; enfant de chœur et choriste d'opéra, je m'initiai au sentiment de la musique et à l'art du théâtre. J'ai surpris les secrets du prêtre et ceux du comédien, qui se ressemblent fort. Chanteur de carrefour, montreur de marionnettes ou marchand de brimborions, j'étudiai toutes les classes, et connus les impressions du public et leurs causes. Malin et pénétrant, audacieux et modeste, habile à persuader et dédaigneux de tromper, j'eus des amis partout et des protecteurs nulle part. Accepter la protection d'un individu, c'est se mettre dans sa dépendance; toute espèce de joug m'est odieux. Doué d'un talent d'imitation sans exemple, certain d'amuser, d'attendrir, d'étonner ou d'intéresser quiconque je voudrais, il n'y avait pas une heure dans ma vie où je ne pusse compter sur mes ressources infinies.

« A mesure que je devenais un homme, loin de diminuer, ces ressources décuplaient. Quand vint l'âge de plaire aux femmes... j'eus bien des succès, Monsieur, et je n'en abusai point. La même royale indolence qui m'avait empêché de prodiguer les perfections de mon être dans l'emploi de marchand de poissons, et qui n'était au fond qu'un respect instinctif pour la conservation de ma puissance, m'accompagna dans mes relations avec le beau sexe. Judicieux et discret, je ne m'attachai pas longtemps au vice, je ne me dévouai point à l'égoïsme, je voulus vivre par le cœur, afin de rester complet et invincible dans ma fierté. Je fus miséricordieux sans effort; on me trahit beaucoup, on ne me trompa guère. Je supplantai beaucoup de rivaux et ne les avilis point. Je formai beaucoup de liens et sus les rompre sans dépit et sans amertume. Tenez, Monsieur, j'ai ici le portrait d'une princesse qui m'a tant tourmenté de sa jalousie que j'ai été forcé de l'abandonner; mais je garde son image en souvenir des plaisirs qu'elle m'a donnés; je ne la montre à personne, et je ne vends pas les diamants, quoique je vive de pain noir et de lait de chèvre depuis huit jours.

— Mais quelle est donc la cause de votre misère présente? demanda Léonce.

— « L'amour des voyages d'une part, et, de l'autre, l'amour, le pur amour, *Signor mio!* A peine avais-je gagné quelque argent que, quittant l'emploi qui me l'avait procuré, vu que la jouissance que j'en avais retirée était épuisée pour moi, je partais, et je voyageais à travers l'Italie. J'ai parcouru toutes ses provinces, me procurant les douceurs de l'aisance quand je le pouvais, me soumettant aux privations les plus philosophiques quand ma bourse était à sec; souvent même restant, avec une sorte de volupté, dans cet état de dénûment qui me faisait sentir le prix des biens que j'avais prodigués, et attendant avec orgueil que le désir me revînt assez vif pour secouer ma délicieuse apathie. Tantôt je dédaignais de me tirer d'affaire, sentant que mes inspirations d'artiste n'étaient pas arrivées à leur apogée, et préférant jeûner que de mal déclamer ou de mal chanter. C'est là une grande jouissance, Monsieur, que de sentir son génie captivé par le respect qu'on lui porte! D'autres fois, l'amour me dominait, et je me plaisais à prodiguer mon or à mon idole, heureux encore plus et enivré au delà de toute expression, lorsque, ruiné, je la voyais s'attacher à ma misère, et me chérir d'autant plus que je n'avais plus rien à lui donner. Oh! oui, c'est alors que j'ai laissé passer bien des jours avant de remettre à l'épreuve de telles affections, en remontant sur la roue de fortune; car les nobles cœurs ne s'attachent irrésistiblement qu'aux malheureux. »

— Teverino, votre langage me pénètre, dit Léonce. Si vous ne vous êtes pas vanté, vous êtes un des plus grands cœurs, joint à un des caractères les plus originaux que j'aie encore rencontrés. Quand vous avez commencé votre histoire, je pensais à ce titre d'un chapitre de Rabelais que vous connaissez sans doute, puisque vous connaissez toutes choses...

— *Comment Pantagruel fit la rencontre de Panurge?* dit l'Italien en riant.

— C'est cela même, reprit Léonce, et maintenant je crois pouvoir achever la phrase: *Lequel il aima toute sa vie.*

— On m'a souvent cité ce chapitre; car toutes les personnes qui m'ont aimé, m'ont rencontré sous leurs pieds. Mais je me suis bientôt élevé au niveau de leurs cœurs, et même au-dessus de la tête de quelques-unes, et c'est en cela que je suis un Panurge de meilleure race que celui de Rabelais; je n'ai ni sa lâcheté, ni son cynisme, ni sa gloutonnerie, ni sa hâblerie, ni son égoïsme; mais j'ai de commun avec lui la finesse de l'esprit et les hasards de la fortune. Si vous m'emmenez avec vous pour quelques jours, vous verrez que, partageant les aises de votre vie, je n'en abuserai pas un seul instant. Quand j'en aurai assez (et je me dégoûterai probablement de votre société avant que vous le soyez de la mienne), vous verrez que vous aurez des regrets et que c'est vous qui me devrez de la reconnaissance.

— C'est fort possible, dit Léonce en riant, quoique je vous trouve avec Panurge une ressemblance que vous reniez : la forfanterie.

— Non pas, Monsieur; celui-là est fanfaron, qui promet et ne tient point. Ne soyez pas piqué de ce que je vous avance, que je serai las avant vous de notre familiarité. Ce ne sera pas vous qui en serez cause, car je vois en vous du génie et de la grandeur d'âme; mais des circonstances extérieures, indépendantes de notre volonté à tous deux : le monde qui m'amuse un instant et bientôt me déplaît, la contrainte de quelque usage auquel je ne saurai peut-être me soumettre que pour un certain nombre d'heures, quelque personnage qui vous charmera et qui me sera antipathique, enfin un caprice de mon esprit mobile qui m'entraînera à quelque pointe vers un nouvel aspect des choses, ceci ou cela me forcera de vous quitter. Mais vous n'aurez pas honte de m'avoir connu, et le nom de Teverino ne vous sera jamais odieux, je vous le jure.

— Je sens que vous ne me trompez pas, répondit Léonce, quoique votre inconstance m'effraie. Voyons, pouvez-vous vous engager à vivre vingt-quatre heures de ma vie et à vous transformer des pieds à la tête, moralement parlant, en homme du monde, comme vous l'êtes déjà matériellement?

— Rien ne me sera plus facile; j'aurai d'aussi belles manières et d'aussi nobles procédés que vous-même; car depuis une heure que je suis avec vous, je vous possède déjà. D'ailleurs, n'ai-je pas vécu de pair à compagnon avec la noblesse, quand mes talents me faisaient rechercher? Croyez-vous que si j'avais voulu adopter une manière d'être uniforme, me priver d'émotions vives, comme de m'abstenir de me ruiner en un jour et de quitter une marquise pour courir après une bohémienne ; enfin que si j'avais voulu me *ranger*, comme on dit, me soumettre à des exigences, me laisser torturer par l'ambition, infliger à ma vanité tous les supplices de la vanité jalouse, subir les caprices des grands, et nuire à mes compétiteurs pour édifier ma fortune et ma réputation, je n'aurais pas fait comme tant d'autres, qui sont entrés dans le monde par la petite porte des artistes, et qui, devenus seigneurs à leur tour, ont vu ouvrir devant eux les deux battants de la grande? Rien ne m'eût été plus aisé, et c'est cette facilité même qui m'en a dégoûté. Comptez donc sur mon sentiment des convenances, tant que vos convenances me conviendront, c'est-à-dire pendant vingt-quatre heures, terme que je puis accepter.

— En ce cas, vous allez passer pour un de mes amis que je viens de rencontrer herborisant ou philosophant dans la montagne, et vous serez présenté comme tel à une belle dame que nous allons rejoindre, et que vous entretiendrez dans cette erreur jusqu'à ce que je vous prie de cesser.

— Je ne puis prendre un engagement posé dans ces termes; je serais toujours à votre caprice, et cela glacerait mon génie. Nous sommes convenus de vingt-quatre heures, ni plus ni moins, et il faut que le serment soit réciproque. Je ne vais pas plus loin; si vous ne me donnez votre parole d'honneur de ne pas m'ôter mon masque avant demain à deux heures de l'après-midi; car je vois au soleil qu'il n'est cette heure-là ou peu s'en faut: de même que de mon côté, je vous autorise, si je me trahis avant l'expiration du contrat, à me remettre, nu, dans le lac où vous m'avez trouvé.

— C'est convenu sur l'honneur, dit Léonce.

En tournant, par derrière le bosquet où la voiture était abritée, Léonce et Teverino parvinrent à replacer la valise sous le coffre de devant, sans avoir été aperçus.

— Laissez-moi aller à la découverte et attendez-moi, dit Léonce; et, comme il s'avançait sur le chemin, il vit venir à lui Madeleine toute haletante, et portant le hamac.

— Son Altesse vous attend et s'impatiente beaucoup, dit-elle; elle m'a chargée de vous retrouver et de dire à Votre Seigneurie qu'elle s'ennuie considérablement. Tenez! la voilà déjà qui traverse l'eau! Moi, je vais mettre ceci dans la voiture.

Léonce courut offrir la main à Sabina sans s'inquiéter de laisser Madeleine rencontrer Teverino, et sans se demander si elle ne pouvait pas fort bien avoir déjà vu ce vagabond errer dans le pays. Le hasard parut servir ses projets; car à peine eut-il prévenu Sabina qu'il avait un de ses amis à lui présenter, que Teverino sortit du bosquet, suivi à distance par l'oiselière, qui le regardait curieusement et semblait le voir pour la première fois.

VII.

A TRAVERS CHAMPS.

— C'est le marquis Tiberino de Montefiori, dit Léonce; un fidèle ami que j'étais bien sûr de rencontrer, cherchant des fleurs pour son magnifique herbier des Alpes, et un aimable compagnon de route que la Providence nous envoie, si vous daignez l'agréer, et lui faire l'honneur d'être admis dans votre cortège.

La belle figure et la bonne grâce du marquis Tiberino chassèrent l'humeur qui obscurcissait le front de lady G...

— Je suis bien forcée de vous obéir en tout, dit-elle tout bas à Léonce, puisque vous êtes mon docteur et mon maître aujourd'hui; et il faut que j'accepte vos prescriptions sans y regarder de trop près.

— Vous n'aurez pas beaucoup de mérite cette fois, dit Léonce, et bientôt j'en appellerai à vous-même. Marquis, offre ton bras à milady ; je vais tâcher de repêcher notre curé et ses truites.

Le curé avait fait merveille, et, acharné à ses nombreuses conquêtes, il oubliait l'heure et ses paroissiens, et son office, et sa gouvernante. Il ne fallait plus lui parler de tout cela. En voyant frétiller sur l'herbe le ventre d'argent semé de rubis de ses belles truites, il bondissait lui-même comme une grenouille, et l'on voyait briller dans ses gros yeux ronds la joie innocente de l'homme d'église, qui porte une passion fougueuse dans les *amusements permis*. Léonce l'aida à faire une caque de joncs et d'osier pour emporter ses poissons, et ainsi emprisonnés, on les replaça vivants dans l'eau, après avoir assujetti le filet verdoyant avec de grosses pierres.

— Je vous invite à souper ce soir à mon presbytère, s'écriait le curé; elles seront délicieuses, surtout s'il vous reste encore de ce bon vin de tantôt pour les arroser.

— J'ai encore bien mieux, dit Léonce; j'ai aperçu, dans un taillis de chênes, de superbes oronges, des chantrelles succulentes, des ceps énormes, et je venais vous chercher pour m'aider à les cueillir.

— Ah! Monsieur! reprit le curé, rouge d'enthousiasme, courons-y avant que les pâtres descendent chercher leurs vaches. Les ignorants écraseraient sous leurs pieds ces mirifiques champignons dont il faut nous emparer absolument. Vous avez bien fait de m'attendre; je connais toutes les espèces alimentaires, et le bullet surtout exige une grande délicatesse d'observations, à cause de la quantité de cousins-germains qu'il possède dans la classe des vénéneux.

— Que Panurge s'en tire comme il pourra! se dit Léonce en voyant Teverino assis avec Sabina sur un groupe de rochers à quelque distance. S'il dit quelque sottise, je ne veux pas en avoir la honte, et j'aime mieux subir les résultats de l'épreuve que de les affronter.

Il emmena le curé et Madeleine, qui parut pourtant ne les suivre qu'à regret, sous prétexte que tous les champignons étaient empoisonnés et ne pouvaient servir qu'à tuer les mouches.

— C'est le préjugé de beaucoup de paysans, dit le curé, même dans les régions où la connaissance des espèces comestibles pourrait leur fournir une nourriture saine et succulente.

Léonce passa assez près de Sabina pour qu'elle pût le rappeler si le tête-à-tête lui déplaisait. Elle ne le fit point, et ne parut même pas le voir. Quant au curé, il faisait bon marché de toutes choses, lorsqu'il avait en tête quelque amusement champêtre, ou l'attrait de quelque friandise.

Perdu dans le taillis de chênes, Léonce se trouva bientôt séparé du curé, dont l'ardeur de la découverte emportait parmi les broussailles, et dont la présence ne se trahissait plus que de loin en loin, par des exclamations d'enthousiasme, lorsqu'un nouveau groupe de champignons s'offrait à sa vue. Madeleine avait docilement suivi le jeune homme et lui présentait son grand chapeau de paille en guise de panier ; mais Léonce n'y mettait que des fleurs de gentiane et des feuilles de baume. L'oiselière était préoccupée, et, un instant, il crut voir des larmes furtives briller dans ses paupières blondes.

— Qu'as-tu, ma chère enfant? lui dit-il en prenant son bras qu'il passa sous le sien; quelque souci intérieur te persécute?

— Ne faites pas attention, mon bon seigneur, répondit la jeune fille; c'est une folie qui me passe par l'esprit.

— Quoi donc? dit Léonce en pressant son petit bras contre sa poitrine.

— C'est que, voyez-vous, reprit-elle ingénument, mon bon ami est parti ce matin avant le jour pour la frontière.

— Il te quitte?

— Oh! Dieu veuille que non! je ne crois pas cela. Il s'est chargé d'aller reconnaître un passage qu'il a aperçu et que mon frère prétend impraticable. Lui assure, au contraire, que ce serait mieux pour faire passer la contrebande, et comme il ne veut pas nous être à charge, comme le métier le tente, et qu'il prétend aider mon frère à faire quelque beau coup, il a promis de revenir ce soir et de rapporter une bonne nouvelle; mais moi j'ai peur qu'il ne revienne point, et je ne fais que prier Dieu tout bas. C'est ce qui me donne envie de pleurer.

— Ce passage est dangereux, sans doute, et tu crains qu'il ne s'expose trop?

— Ce n'est pas cela. Ce passage est dangereux, puisque mon frère le regarde comme impossible; mais mon ami est si adroit et si prudent qu'il s'en tirera.

— Que crains-tu donc?

— Que sais-je? Ne me le demandez pas, je ne peux pas vous le dire.

— Je te le dirai, moi. Tu crains qu'il ne t'aime plus. Qu'as-tu fait de la confiance de ce matin?

— J'ai tort, n'est-ce pas?

— Je ne sais. Mais ne pourrais-tu te consoler, pauvrette?

— Je ne sais pas, Monsieur, répondit Madeleine d'un ton et avec un regard vers le ciel, qui n'exprimaient pas le doute de l'inconstance provocante, mais l'effroi de l'inexpérience en face de la douleur.

— Tu ne le sais pas, en effet, reprit Léonce, attentif à sa physionomie, et tu sens que si c'était possible, ce serait du moins bien difficile.

— Cela ne me paraît pas possible du tout. Mais Dieu seul connaît les miracles qu'il peut faire, et on dit que, quand on le prie de tout son cœur, il ne vous refuse rien.

— Ton premier mouvement serait donc de le prier pour qu'il te délivrât de ton amour? Et c'est là sans doute ce que tu fais maintenant?

— Non, Monsieur, je ne le ferais que si j'étais sûre de n'être plus aimée; car si je demandais maintenant de devenir méchante pour quelqu'un qui m'est bon, je demanderais quelque chose que Dieu ne pourrait m'accorder quand même il le voudrait.

— Tu penses que c'est un devoir d'aimer qui nous aime?

— Oui. Quand Dieu nous a permis de l'aimer, il ne veut pas qu'on cesse par caprice, et je crois même que cela le fâche beaucoup.

— Mais par raison, ce serait différent?

— Alors, ce serait le devoir. Aimer quelqu'un qui ne vous aime plus, c'est l'offenser et le contrarier. Dieu ne veut pas qu'on tourmente son prochain, surtout pour le bien qu'il vous a fait.

— Tu es un grand philosophe, Madeleine!

— Philosophe, Monsieur? Je ne connais pas cela.

— Mais quelquefois on aime malgré soi, bien qu'on s'abstienne de le dire, et de faire souffrir celui qui vous quitte?

— Oui, et cela doit faire beaucoup de mal! dit Madeleine, dont les vives couleurs s'effacèrent à cette idée.

— Mais on prie, mon enfant, et Dieu vous délivre. N'est-ce pas là ce que tu disais?

— On a bien de la peine à prier, je suis sûre; on doit toujours penser à demander autre chose que ce qu'on voudrait obtenir.

— C'est-à-dire qu'en demandant de guérir, on désire, malgré soi, d'être aimée comme on l'était?

— Je crois bien que c'est cela, Monsieur. Mais enfin, il ne faut pas désespérer de la miséricorde de Dieu!

— Dieu quelquefois permet alors qu'un autre vous aime et qu'on l'écoute?

— Je ne sais pas. Quand on n'est pas belle et qu'on pense à un autre, il ne doit pas être aisé de plaire à quelqu'un.

— Mais les miracles de la Providence! Si ta figure semblait belle à quelque autre que ton ami, et si ton amour et ta douleur, au lieu de lui déplaire, te rendaient plus belle à ses yeux?

— Vous parlez avec beaucoup de douceur et de bonté, mon cher Monsieur; on voit bien que vous croyez en Dieu et que vous connaissez sa miséricorde mieux que M. le curé. Mais vous voulez aussi me consoler en me montrant les choses comme cela, et moi je suis si triste que je ne peux pas encore le voir de même. Je pense toujours à ce que je souffrirais si mon bon ami ne m'aimait plus, et si je ne craignais d'être impie, je me figurerais que j'en dois mourir.

— Songe que si tu en mourais et qu'il le sût, il serait éternellement malheureux.

— Et peut-être que le bon Dieu le punirait d'avoir causé ma mort? Oh! non, je ne veux pas mourir en ce cas!

— Tu es bonne et généreuse, Madeleine; eh bien, je te prédis que tu ne seras pas malheureuse sans ressources, et que Dieu n'abandonnera pas un cœur comme le tien.

— Ce que vous dites là me fait du bien, Monsieur, et je voudrais que vous fussiez mon confesseur à la place de M. le curé. Je sens que vous trouveriez pour moi des consolations, et je croirais en vous comme en Dieu.

— Eh bien, Madeleine, prends-moi du moins pour ton conseil et ton ami. S'il t'arrive malheur, confie-toi à moi; je pourrai quelque chose pour toi, peut-être, ne fût-ce que de te parler religion et de te donner du courage.

— Hélas! vous avez bien raison; vous vous êtes de ces gens qui passent dans notre pays et qui n'y restent pas. Dans trois jours peut-être vous serez à plus de mille lieues d'ici.

— Prends ce petit portefeuille, et ne le perds pas. Sais-tu lire?

— Oui, Monsieur, et un peu écrire aussi, grâce à mon frère qui m'a enseigné ce qu'il savait.

— Eh bien! tu trouveras là une adresse et des papiers qui te serviront à me faire revenir, ou à te conduire vers moi, en quelque lieu que je me trouve.

— Merci, Monsieur, grand merci, dit Madeleine en mettant le portefeuille dans sa poche; je ne vous oublierai jamais, car je vois que vous savez beaucoup de savoir en religion, et que votre cœur est bon pour ceux qui sont dans le chagrin; je vois ce que je ferai. Si mon bon ami est ingrat pour moi, je l'enverrai vers vous, et je suis sûre que vous lui parlerez si saintement qu'il ne voudra plus m'affliger.

— Tu te sens de la confiance et de l'amitié pour moi?

— Oh! beaucoup, dit l'oiselière en pressant naïvement le bras de Léonce contre son cœur.

— Oui-da! dit le curé en sortant du fourré, si chargé de champignons qu'il pouvait à peine se porter; vous voici bras dessus bras dessous comme compère et compagnon! Doucement, Madeleine, doucement, vous êtes une tête sans cervelle, ma fille; tout ceci tournera mal pour vous!

— Ne la grondez pas, monsieur le curé, répondit Léonce; elle tournera toujours bien si vous ne vous en mêlez pas.

— Hum! hum! reprit le curé en hochant la tête; vous ne me rassurez guère, vous, avec vos airs de vertu; vous vous êtes peut-être beaucoup moqué de moi aujourd'hui! Allons, laissez le bras de cette petite, et venez voir ma récolte.

— Allons la déposer aux pieds de lady G..., dit Léonce.

— Et où donc est la vôtre? Quoi! des fleurs, de mau-

C'était un grand gaillard. (Page 18.)

vaises herbes! A quoi cela peut-il servir? Ce n'est pas même bon pour du vulnéraire!
— Cela servira à l'herbier du marquis, reprit Léonce. Et à propos de marquis, pensa-t-il, je suis curieux de savoir si le Frontin n'a pas montré le bout de l'oreille.

Ils retrouvèrent Teverino et Sabina au même endroit où il les avait laissés; mais la négresse et le jockey étaient fort loin, et le marquis était si près de lady G..., il avait un tel air de confiance et de satisfaction, et, de son côté, elle avait l'œil si brillant et les joues si animées, qu'ils ne paraissaient ni l'un ni l'autre mécontents de leur conversation.

— Qu'est-ce que cela? dit lady G... en voyant le curé étaler fastueusement ses cryptogames sur la mousse. Ah! les belles pommes d'or, les charmantes découpures d'ambre, les énormes chapeaux de prêtre! Voilà des plantes bizarres et magnifiques.

— Magnifiques? bizarres? dit le curé scandalisé. Dites exquises, Madame; dites parfumées, fraîches, succulentes! Dieu ne les a point faites pour l'amusement des yeux, mais bien pour les délices de l'estomac de l'homme.

— Ah! pardon, monsieur le curé, dit Teverino en jetant loin de lui un individu suspect; voici une fausse orange.

— Peut-être, peut-être! dit le curé. Dans la précipitation de butiner, on peut se tromper.

— Vous vous connaissez donc en toutes choses? dit Sabina en adressant un doux regard au *marquis*. Que ne savez-vous pas?

— Eh bien, comment le trouvez-vous, mon marquis? lui demanda Léonce en l'attirant à l'écart.

— Puis-je ne pas le trouver charmant? Y aurait-il deux opinions sur son compte? S'il n'était pas ce qu'il paraît, vous seriez très-imprudent, cher docteur, de m'avoir présenté un homme qui a tant de séductions.

Sabina parlait d'un ton railleur; mais elle avait, en dépit d'elle-même, comme une sorte de voile humide sur les yeux qui trahissait un secret enivrement.

— Grands dieux! qu'aurais-je fait? pensa Léonce consterné; et il allait se hâter de lui avouer de quelle mauvaise plaisanterie elle était dupe, lorsqu'un regard inquiet et pénétrant de Teverino, qu'il rencontra, lui ferma la bouche et lui rappela son serment.

— Non, c'est impossible, se dit-il; cette femme froide

Perdu dans le taillis de chênes. (Page 22.)

et fière ne pourrait se tromper si grossièrement! elle ne s'éprendrait pas ainsi à la première vue, d'un marquis de ma façon. Et pourtant, ajoutait il en examinant Teverino (alors au plus brillant de son rôle), si on ne regarde que la beauté merveilleuse de ce bohémien, l'aisance de ses manières, cet air incroyablement distingué; si on écoute cette voix harmonieuse, ce langage pétillant d'esprit et de poésie, qui possédera plus de charme? qui attirera plus de sympathie? N'est-ce point là un marquis italien qui n'a peut-être point son égal dans toute l'aristocratie de l'univers? Est-il une seule femme assez aveugle pour n'en être pas éblouie?

Léonce devint soucieux, et Sabina fut forcée de le secouer pour le tirer de ses rêveries. Le soleil baissait, le temps était propice pour s'en retourner; le curé, plus impatient encore de faire cuire ses truites et ses champignons que de calmer les inquiétudes de sa gouvernante et de son sacristain, invitait ses convives à revenir avec lui au presbytère. Madeleine, assise à l'écart, et complétement muette, semblait indifférente à tout ce qui se passait autour d'elle.

— Seigneur Léontio, dit le vagabond en italien à Léonce, au moment où ils allaient remonter en voiture, êtes-vous amoureux de lady Sabina?

— Vous êtes bien curieux, *Signor marchese!* répondit Léonce avec une sécheresse ironique.

— Non! mais je suis votre ami, un royal ami, et je dois connaître vos sentiments, afin de ne pas les contrarier.

— Vous êtes un fat, mon cher!

— Vous avez déjà du dépit? Eh bien, que vous disais-je, que vingt-quatre heures entre nous seraient le bout du monde? Allons, j'ai deviné votre secret, et je n'ai pas besoin d'insister. Léonce, vous reconnaîtrez que Teverino est un galant homme!

Et s'élançant sur le siége : — C'est moi qui suis le cocher, dit-il à haute voix. Dame Érèbe, dit-il à la négresse, vous irez dans la voiture et je conduirai les chevaux. J'ai la passion des chevaux!

— Ceci n'est pas aimable, observa lady G..., évidemment contrariée de cet arrangement. Notre société n'a guère d'attraits pour vous, Marquis!

— Et puis vous ne connaissez pas le pays, objecta le curé. Nous nous sommes déjà égarés : n'allez pas nous faire souper de la rosée du soir et coucher à la belle étoile, au moins!

— Laissez donc faire le marquis, dit Léonce, et si vous parlez d'étoile, fiez-vous à la sienne! Sais-tu conduire? demanda-t-il à Teverino.

— Peut-être! répondit celui-ci, quoique je n'aie jamais essayé.

— Grand merci! s'écria le bourru. Vous allez nous verser, nous rompre les os! Il n'y a pas à plaisanter avec les précipices et les chemins étroits. Monsieur! Monsieur! laissez les rênes à ce jeune garçon, qui s'en sert fort bien.

— Ne fais pas de folies, dit tout bas Léonce à Teverino; si tu n'as pas été cocher, ne t'en mêle pas.

— Tout s'improvise, répondit le marquis, et je me sens si inspiré que je conduirais les chevaux du Soleil.

Là-dessus il fouetta les chevaux de Léonce qui partirent au grand galop.

— Pas par ici, pas par ici! cria le curé, jurant malgré lui. Où diable allez-vous? Sainte-Apollinaire est sur la gauche.

— Vous vous trompez, l'abbé, répondit le phaéton; je connais mieux les montagnes que vous.

Et se penchant vers Léonce, assis immédiatement derrière lui: — Où faut-il aller? lui demanda-t-il à l'oreille.

— Partout, nulle part, au diable, si bon te semble! répondit Léonce du même ton.

— En ce cas, à tous les diables! reprit Teverino, et, fouettant de nouveau, il laissa maugréer le curé que la peur rendit bientôt pâle et muet.

Une telle épouvante n'était pas trop mal fondée. Teverino était plus adroit qu'expérimenté. Naturellement téméraire, et doué d'une présence d'esprit, d'une agilité et d'une force de corps supérieures à celles de la plupart des hommes, il méprisait le danger, et ne connaissait pas d'obstacles moraux ou matériels qu'il ne pût tourner ou franchir. Dans cette persuasion, ravi de l'énergie et de la finesse des chevaux de Léonce, il les lança au bord des abîmes, dédaignant de les ralentir quand le chemin devenait d'une étroitesse effrayante, effleurant les troncs d'arbres, les blocs de rochers, gravissant des pentes abruptes, les descendant à fond de train, et enlevant une roue brûlante sur l'extrême limite du ravin à pic au fond duquel grondait le torrent. D'abord, Sabina eut peur aussi, sérieusement peur; et trouvant la plaisanterie de fort mauvais goût, elle commença à craindre que ce marquis italien ne fût comme les gens mal élevés, qui se font un sot plaisir des souffrances d'une femme timide. Pourtant, elle ne laissa paraître ni son angoisse ni son mécontentement; elle savait que la seule vengeance permise au faible, en pareil cas, c'est de ne point réjouir l'audace brutale par le spectacle de ses tourments. Sabina était assez fière pour affronter la mort plutôt que de sourciller. Elle s'efforça donc de rire et de railler le curé, bien qu'au fond de l'âme elle fût encore moins rassurée que lui.

Mais bientôt la peur fit place en elle à une sorte de courage exalté; car elle vit que Léonce était quelque peu jaloux de l'incroyable adresse du marquis, et comme, après tout, le danger était vaincu à chaque instant, elle y trouva une nouvelle occasion d'admirer Teverino, qui se retournait souvent vers elle, comme pour puiser de nouvelles forces dans son approbation.

— Il va comme un fou! disait Léonce en mesurant l'abîme, et nous allons bien, pourvu que nous allions longtemps ainsi. N'avez-vous point peur, Milady, et voulez-vous que j'essaie de le calmer?

— De quoi voulez-vous que j'aie peur? répondait-elle en regardant l'abîme à son tour, avec une superbe indifférence, votre ami n'est-il pas magicien? Nous sommes portés par le miracle, et nous pourrions le suivre sur les eaux, si nous avions tous la foi que j'ai en lui.

— C'est du fanatisme, Madame, que vous avez pour le marquis!

— Vous n'en avez pas moins, puisque vous lui avez confié vos destinées et les nôtres!

— Je vous avoue qu'il va en toutes choses beaucoup plus vite que je ne pouvais le prévoir et qu'il est comme ivre du plaisir furibond que lui cause tant de succès.

— C'est une nature énergique, un courage de lion, dit Sabina piquée de ce reproche. Ce danger me passionne, et, de tout ce que vous avez inventé aujourd'hui, voilà ce qui m'a le plus amusé.

— En ce cas, redoublons la dose! Marche donc, Marquis! tu t'endors!

Teverino donna un tel élan, que le curé se renversa au fond de la voiture, aux trois quarts évanoui de peur, et ne songea plus qu'à dire son *In manus*.

Sabina fit un éclat de rire, la négresse un signe de croix. Quant à Madeleine, elle était véritablement la seule vraiment brave et complètement indifférente au danger. Elle regardait les nuages d'or du couchant où passaient et repassaient les vautours, agités par l'approche du soir.

VIII.

ITALIAM! ITALIAM!

Cependant les chevaux s'étant un apaisés dans une montée, le curé reprit l'usage de ses sens. Le précipice avait disparu, et la voiture suivait une tranchée étroite, assez mal entretenue, mais où une chute ne pouvait plus avoir de suites aussi graves que le long de la rampe.

— Où sommes-nous donc à présent? dit le saint homme un peu soulagé. Je ne connais plus rien au pays; la vue est bornée de toutes parts. Mais, autant que je puis m'orienter, nous ne marchons guère du côté de mon clocher.

— Soyez tranquille, l'abbé! dit Teverino; tout chemin conduit à Roma, et en suivant cette traverse un peu cahoteuse, nous évitons un long circuit de la rampe.

— Si nous pouvons passer le torrent, objecta Madeleine avec tranquillité.

— Qui parle de torrent? s'écria le marquis. Est-ce toi petite?

— C'est moi, reprit la jeune fille. Si les eaux sont basses, nous le traverserons. Sinon...

— Sinon, nous passerons sur le pont.

— Un pont pour les piétons, un pont à escalier?

— Nous y passerons; je le jure par Mahomet!

— Je le veux bien, moi! dit l'insouciante Madeleine.

— Et moi, je jure par le Christ que je mettrai pied à terre, et que je passerai le dernier, pensa le curé.

Le torrent ne paraissait pas très-gonflé, et Teverino allait y lancer la voiture, lorsque Madeleine, qui s'était penchée en avant avec une prévoyance calme, l'arrêta vigoureusement.

— L'eau n'est pas claire, dit-elle; une forte avalanche de neige a dû y tomber, il n'y a pas plus de deux heures. Vous n'y passerez pas.

— Milady, voulez-vous vous fier à moi? dit Teverino. Nous passerons, je vous en réponds. Que ceux qui ont peur descendent.

— Je demande à descendre! s'écria le curé en s'élançant sur le marchepied.

La négresse le suivit, et le jockey, partagé entre le point d'honneur et la crainte de se noyer, se plaça devant les chevaux en attendant qu'on eût pris un parti.

— Sabina, dit Léonce d'un ton d'autorité, descendez.

— Je ne descendrai pas, répondit-elle; c'est la première fois que je sens le plaisir qu'on peut trouver dans le péril. Je veux me donner cette émotion.

— Je ne le souffrirai pas, reprit Léonce en lui saisissant le bras avec force. C'est un acte de démence.

— Vous n'avez point de droits sur ma vie, Léonce, et le marquis, d'ailleurs, en répond.

— Le marquis est un sot! s'écria Léonce, exaspéré de voir la subite passion de lady G... se trahir si follement.

Le marquis se retourna et regarda Léonce avec des yeux flamboyants.

— Vous voulez dire que vous êtes deux fous, dit Sabina, essayant de cacher l'effroi que lui causait cette querelle. Je cède à votre sollicitude, Léonce; marquis, vous descendrez aussi. Le jockey, qui nage comme un poisson, peut se risquer seul à faire passer la voiture.

— Je nage mieux que tous les jockeys et que tous les poissons du monde, reprit Teverino, et je ne vois d'ailleurs pas pourquoi la vie de cet enfant serait exposée plutôt que la mienne. Dans mon opinion, Madame, un homme en vaut un autre, et si j'ai voulu risquer le passage, c'est à moi d'en subir seul les conséquences. Combien valent vos chevaux, Léonce? ajouta-t-il d'un air d'opulence fanfaronne.

— Je t'en fais présent, dit Léonce, noie-les si tu veux. Mais je te dirai deux mots sur l'autre rive, ajouta-t-il à voix basse.

— Vous ne me direz rien du tout; mais demain à deux heures de l'après-midi, c'est moi qui vous parlerai, répondit Teverino. Vous êtes l'agresseur, j'ai le droit de choisir le moment, et, en échange, je vous laisse le choix des armes. En attendant, par respect pour vous-même qui m'avez présenté à cette dame, affectez pour moi une étroite amitié qui explique vos paroles grossières.

— Un duel? un duel avec vous? Eh bien! soit, répondit Léonce, et il ajouta tout haut: Si nous ne nous battons pas ensemble, marquis, après avoir échangé de telles douceurs, c'est qu'on ne peut nous accuser d'être deux poltrons, et, pour le prouver, nous allons passer l'eau ensemble. Eh bien! que fais-tu là? dit-il à Madeleine, qui avait grimpé lestement sur le siége auprès du marquis.

— Bah! il n'y a pas de danger pour moi, dit-elle, et je vous suis nécessaire pour vous diriger. A droite, monsieur le marquis, et puis, à gauche, marchez!

Ce ne fut pas sans une stupeur profonde que les autres voyageurs, arrivés en haut du pont, s'arrêtèrent pour voir s'effectuer ce passage périlleux. Au milieu de l'eau, la violence du courant souleva la voiture, qui se mit à flotter comme une nacelle, entraînant les chevaux vers les arches aiguës du petit pont ogival.

— Cédez au courant, et reprenez! dit Madeleine froidement attentive, comme s'il se fût agi d'une chose facile.

Les chevaux, énergiquement stimulés, et assez forts, heureusement, pour n'être pas emportés par cette voiture légère, firent quelques bonds, perdirent pied, se mirent à la nage, retrouvèrent pied sur un roc, trébuchèrent, et se relevant sous la puissante main de l'aventurier, gagnèrent, sans aucun accident fâcheux, un endroit moins profond, d'où ils atteignirent facilement la rive, sans qu'un seul trait eût été rompu, et sans que leurs conducteurs fussent mouillés autrement que par quelques éclaboussures.

— Vous voyez, Signora, que vous eussiez pu passer! dit Teverino à lady G… qui accourait pour le féliciter de sa victoire.

— Non pas! dit le curé, tout ému du danger qu'il aurait pu courir; vous eussiez été emportés si la voiture eût été plus chargée. Moi, justement, qui ne suis pas mince, je vous aurais exposés en m'exposant moi-même. Je sentais bien cela.

On remonta en voiture; le jockey prit le siége de derrière et l'oiselière resta sur celui du cocher, à côté de Teverino, qui parut s'entretenir avec elle tout le reste du trajet, d'une manière fort animée. Mais ils parlaient bas, en se penchant l'un vers l'autre, et Sabina fit, d'un air léger, la remarque que le *bon ami* de Madeleine pourrait bien être supplanté ce soir-là, si elle n'y prenait garde.

— Il n'y a pas de danger que cela arrive, dit Madeleine, qui avait l'ouïe fine comme celle d'un oiseau, et qui, sans avoir l'air d'écouter, n'avait rien perdu des paroles de Sabina. Ce n'est pas moi qui changerai la première.

— Ce n'est pas lui, j'en jurerais sur mon salut éternel, s'écria gaiement le marquis; car tu es une si bonne et si aimable fille, que je ne comprendrai jamais qu'on puisse te trahir!

— Voilà, dit le curé, comment tous ces beaux messieurs, avec leurs compliments, feront tourner la tête à cette petite fille. L'un lui donne le bras à la promenade, comme il ferait pour une belle dame; l'autre lui dit qu'elle est aimable, et elle est assez sotte pour ne pas s'apercevoir qu'on se moque d'elle.

— C'est donc vous qui lui donnez le bras, Léonce? dit Sabina d'un ton moqueur.

— Pourquoi non? N'avez-vous pas pris son bras pour l'emmener, vous aussi, Madame? Du moment que nous l'enlevons pour en faire notre compagne et notre convive, ne devons-nous pas la traiter comme notre égale? Pourquoi M. le curé nous blâmerait-il de pratiquer la loi de fraternité? C'est une des joies innocentes et romanesques de notre journée.

— Je n'aime pas les choses romanesques, dit le bourru. Cela dure trop peu, et ne gît que dans la cervelle. Vous autres jeunes gens de qualité, vous vous amusez un instant de la simplicité d'autrui; et puis, quand vous avez payé, vous n'y songez plus. Que Madeleine vous écoute, Messieurs, et nous verrons qui lui restera, ou du grand seigneur qui lui refusera un souvenir, ou du vieux prêtre qui, après l'avoir gourmandée comme elle le mérite, l'amènera au repentir et fera sa paix avec Dieu!

— Ce bon curé m'effraie, dit lady Sabina en s'adressant à Léonce. J'espère, ami, que cette pauvre Madeleine n'est pas ici sur le chemin de la perdition?

— Je puis répondre de moi-même, répliqua Léonce.

— Mais non pas du marquis?

— Je vous confesse que je ne réponds nullement du marquis. Il est beau, éloquent, passionné, toutes les femmes lui plaisent et il plaît à toutes les femmes. N'est-ce pas votre avis, Sabina?

— Qu'en sais-je? Nous ferions peut-être bien de faire rentrer la petite dans la voiture.

— D'autant plus, dit le curé, que le chemin redevient fort mauvais, que bientôt le jour va tomber, et que si M. le marquis a des distractions, nous ne sommes en sûreté. Donnons-lui pour compagne la négresse en échange de l'oiselière.

— Je ne réponds pas qu'il n'ait pas autant de distraction avec la noire qu'avec la blonde, reprit Léonce. Le plus sûr serait de le mettre en tête-à-tête avec vous, curé!

Cet avis prévalut, et Madeleine rentra dans la voiture, sans marquer ni humeur, ni honte, ni regret. Sa mélancolie était complètement dissipée, le reflet du soleil couchant répandait sur ses joues animées une lueur étincelante de jeunesse et de vie. — Voyez donc comme cette petite laide est redevenue belle! dit Léonce en anglais à lady G…, le souffle embrasé de Teverino l'a transfigurée.

Sabina essaya de plaisanter sur le même ton; mais une tristesse mortelle pesait sur son regard; la jalousie s'allumait dans son cœur sous forme de dédain, et tout ce que Léonce insinuait sur les bonnes fortunes du marquis lui causait une honte douloureuse. Elle s'efforça donc de se persuader à elle-même qu'elle n'avait pas senti, comme Madeleine, le *souffle embrasé* de Teverino passer sur sa tête comme une nuée d'orage.

Il lui fallut bien une demi-heure pour chasser ce remords et retrouver le calme de son orgueil. Enfin, elle commençait à se sentir victorieuse, et le charme lui semblait ne pouvoir plus agir sur elle. Teverino, pour distraire le curé, qui, se flattant toujours d'être en route pour son village, s'étonnait un peu de ne pas reconnaître le pays, avait entamé avec lui une grave discussion sur des matières théologiques. Il s'était frotté à toutes gens et à toutes choses dans sa vie d'aventures. Il avait vu de près quelques prélats, quelques moines instruits, et il était de ces esprits qui entendent, comprennent et se souviennent sans faire le moindre effort. Il avait dans la mémoire une certaine quantité de lambeaux de citations, de commentaires et d'objections qu'il avait entendu débattre, peut-être en passant des plats sur une table de gourmets apostoliques, ou en époussetant les stalles d'un chapitre de théologiens réguliers. Il était loin de l'instruction du bon curé, mais il pouvait paraître, à l'occasion, beaucoup plus fort en ergotage métaphysique. Le curé était à la fois émerveillé et scandalisé de ce mélange de subtilité et d'ignorance, et le bohémien, plus habile en ceci que le *Médecin malgré lui* de Molière, vu qu'il avait affaire à plus forte partie, réussissait à l'éblouir en éludant les questions positives et en l'accablant de demandes pédantesquement oiseuses; si bien que le bourru se demandait de bonne foi si c'était un rude hérétique armé de toutes pièces, ou un ignorant facétieux qui riait de lui dans sa barbe.

De temps en temps quelques phrases de leur dispute arrivaient aux oreilles de leurs compagnons. « Ceci est une hérésie, une hérésie condamnée! s'écriait le curé, qui ne faisait plus attention aux cahots et aux difficultés de la route. — Je le sais, monsieur l'abbé, reprenait Teverino, et il s'agit de la réfuter. Comment vous y prendrez-vous? Je gage que vous ne le savez pas? — J'invoquerais la grâce, Monsieur, rien que la grâce! — Ce ne serait que tourner la difficulté. Un savant théologien dédaigne les moyens échappatoires! — Une échappatoire, Monsieur! vous appelez cela une échappatoire! — En ce cas-là, oui, monsieur l'abbé; car vous avez pour vous le concile de Trente, et vous ne vous en doutez point! — Le concile de Trente n'a rien interprété là-dessus, Monsieur! Vous allez m'interpréter quelque décret tiré par les cheveux; c'est votre habitude, je le vois bien! »

— Notre bourru me paraît hors de lui, dit Sabina à Léonce; votre ami est-il réellement savant? Je regrette de ne pas les entendre d'un bout à l'autre.

— Le marquis sait un peu de tout, répondit Léonce.

— Seulement un peu? Je le croirais, sur mon assurance. Beaucoup d'Italiens sont ainsi, c'est le caractère méridional.

— Ce caractère a ses charmes et ses travers; les uns si puérils qu'on est forcé de s'en moquer, les autres si puissants qu'on est forcé de s'y soumettre.

— Mon cher Léonce, dit Sabina, qui comprit l'épigramme effacée sous l'intonation mélancolique de son ami, apercevoir, c'est tout au plus remarquer; ce n'est, à coup sûr, pas se soumettre. Permettez-moi de vous parler de votre ami comme d'un étranger, et de vous dire que c'est la statue d'argile aux veines d'or.

— C'est possible, reprit-il; mais l'or est chose si précieuse et si tentante qu'on la cherche parfois même dans la fange.

— Voilà un mot qui fait frémir.

— Prenez que j'ai dit argile, emblème de fragilité; seulement n'en faites aucune application au caractère du marquis. Étudiez-le vous-même, Sabina; c'est le plus remarquable sujet d'observations que je puisse vous offrir, et je ne l'ai pas fait sans dessein. Seulement, ne vous laissez pas éblouir si vous voulez voir clair. Je vous avoue que moi-même, ayant perdu de vue cet ami, depuis longtemps, et sachant combien sont mobiles ces puissantes organisations, je ne le connais pour ainsi dire plus. J'ai besoin de l'examiner de nouveau, et je ne puis vous répondre de lui que jusqu'à un certain point. Soyez avertie, et tenez-vous sur vos gardes.

— Que signifie cette dernière parole? Me croyez-vous en danger d'enthousiasme?

— Vous savez bien vous-même que vous venez de courir ce danger-là, jusqu'à vouloir traverser le torrent au péril de vos jours, pour lui prouver votre confiance et votre soumission.

— Ne vous servez pas de mots impropres et offensants. On dirait que vous en avez eu du dépit?

— N'avez-vous point vu que c'était de la colère?

— Vous parlez comme un jaloux, en vérité!

— L'amitié a ses jalousies comme l'amour. C'est vous qui l'avez dit ce matin.

— Eh bien, soit; cela orne et anime l'amitié, dit Sabina avec un irrésistible mouvement de coquetterie.

Elle était effrayée d'avoir failli aimer Teverino, et elle s'efforçait de se créer un préservatif en stimulant l'affection problématique de Léonce. Elle n'y réussit que trop. Il prit sa main et l'échauffa dans les siennes, jusqu'à ce qu'elle la retirât brûlante. Madeleine paraissait assoupie; pourtant elle s'éveilla à ce mouvement, et lady G... se sentit confuse du regard étonné de l'oiselière. Elle lui fit une caresse pour écarter toute hostilité de la pensée de cette enfant; mais ce ne fut pas de bien bon cœur, et il lui sembla que Madeleine souriait avec plus de malice qu'on ne l'en eût crue capable.

— Têtebleu! où sommes-nous? s'écria tout d'un coup le curé en regardant autour de lui.

— Nous en sommes à saint Jérôme, répliqua Teverino.

— Il ne s'agit plus de saint Jérôme, Monsieur, mais du chemin que vous nous faites prendre; quelle est cette vallée? où va cette route? où diable nous avez-vous conduits, enfin?

On était parvenu au sommet d'une montée longue et pénible, et, en tournant le rocher, où depuis une heure on marchait encaissé, on voyait une vallée immense se déployer sous les pieds à une profondeur étourdissante. Du plateau où se trouvaient nos voyageurs, de gigantesques rochers couronnés de neige se dressaient encore vers le ciel; la nature était aride, bizarre, effroyablement romantique; mais devant eux, la route, redevenue une rampe rapide, s'enfonçait en mille détours pittoresques vers les plans abaissés d'une contrée fertile, riante et richement colorée. Quoi de plus beau qu'un pareil spectacle au coucher du soleil, lorsqu'à travers le cadre anguleux de la nature alpestre, on découvre la splendeur des terres fécondes, les flancs verdoyants des collines intermédiaires, que les feux de l'occident font resplendir, ces abîmes de verdure déroulés dans l'espace, les fleuves et les lacs embrasés, semés dans ce vaste tableau comme des miroirs ardents, et, au delà encore, les zones bleuâtres qui se mêlent sans se confondre, les horizons violets et le ciel sublime de lumière et de transparence! Sabina fit un cri d'admiration : — Ah! Léonce! dit-elle en lui prenant la main, que je vous remercie de m'avoir conduite ici! que Dieu soit loué de cette journée!

— Et moi aussi, je vous remercie bien, dit le curé avec désespoir; nous ne risquons rien de nous recommander à Dieu, car de souper et de gîte il n'en faut plus parler. Nous voici à plus de dix lieues de chez nous, et nous marchons vers Venise ou vers Milan en droite ligne, au lieu de chercher notre étoile polaire et le coq de notre clocher.

— Au lieu de blasphémer ainsi, dit Teverino, vous devriez être à genoux, curé, et bénir l'Éternel, créateur et conservateur de si grandes choses! Me voilà tout à fait mécontent de votre foi, et si je ne vous aimais, je vous dénoncerais de suite à mon oncle le saint-père. Est-ce ainsi, abbé sans cervelle et sans principes, que vous devriez saluer la terre d'Italie et le chemin qui conduit à la ville éternelle?

— C'est donc l'Italie? s'écria Sabina en s'élançant sur le chemin; ma chère Italie, que je rêve depuis mon enfance, et que mon traître de mari me permettait à peine de voir en peinture! Eh quoi! marquis, vous nous avez fait entrer en Italie!

— *O cara patria!* chanta Teverino, et, entonnant de sa belle voix le noble récitatif de *Tancredi* : « *Terra degli avi miei, ti bacio!* »

— Fermez vos oreilles, dit Léonce : voici une nouvelle séduction contre laquelle je ne vous avais pas prévenue. Le marquis chante comme Orphée.

— Ah! c'est la voix de l'Italie! Peu m'importe de quelle bouche elle s'exhale! Il me semble que c'est la terre et le ciel qui chantent ce cantique d'amour et le font pénétrer dans mon cœur. L'Italie! ô mon Dieu! je pourrai donc dire que j'ai au moins salué les horizons de l'Italie! C'est à votre ingénieux vouloir, c'est à l'audace de notre guide que je dois cette jouissance suprême. Laissez-moi vous bénir tous les deux.

En parlant ainsi, Sabina leur tendit la main à l'un et à l'autre, et se mit à courir, entraînée par eux vers une cabane de planches grossières, au seuil de laquelle se dessinait un douanier, vieux soldat farouche, en habit d'un vert sombre comme le feuillage des sapins, et en moustaches blanches comme la neige des cimes.

— Gardien de l'Italie, lui dit le marquis en riant, Cerbère attaché au seuil du Tartare, ouvre-nous la porte de l'Éden, et laisse-nous passer de la terre au ciel! Saint Pierre en personne a signé nos passe-ports.

Le douanier regarda d'un air de surprise et de doute la figure du vagabond que, huit jours auparavant, il avait laissé passer après mille formalités, quoique sa feuille de route fût en règle. Mais Teverino vit bien, en cette rencontre, qu'une bonne mine et de beaux habits sont les meilleures lettres de créance; car, à peine Léonce eut-il exhibé ses papiers et répondu de toutes les personnes qui se trouvaient avec lui, que le vagabond put passer son chemin la tête haute.

La voiture fut arrêtée un instant et visitée pour la forme. Une pièce d'or, négligemment jetée dans la poussière par Léonce, au pied du douanier, aplanit toutes les difficultés.

— Et maintenant, dit Sabina en courant toujours en avant avec Léonce et le marquis, c'est bien vraiment et sans métaphore la terre d'Italie que je foule; ce sont bien ses parfums que je respire et son ciel qui m'éclaire!

— Arrêtez-vous ici, Signora, dit Madeleine en la saisissant par sa robe; j'ai promis de vous faire voir au coucher du soleil quelque chose de merveilleux, et M. le curé ne se coucherait pas content ce soir si je ne lui tenais parole.

— Pourvu que je couche quelque part, je me tiendrai pour trop heureux! répondit le curé essoufflé de la course qu'il venait de faire pour suivre Sabina.

Et, la voyant s'asseoir sur les bords du chemin, résolue à admirer les talents de l'oiselière, il se laissa tomber sur le gazon, en se faisant un éventail de son large chapeau. Il n'y avait plus de forces en lui pour la résistance ou la plainte.

— Voici l'heure! dit l'oiselière en s'élançant sur les rochers qui marquaient le point culminant de cette crête alpestre; et, avec l'agilité d'un chat, elle grimpa de plateau en plateau, jusqu'au dernier, où, dessinant sa silhouette déliée sur le ton chaud du ciel, elle commença à faire flotter son drapeau rouge. En même temps, elle faisait signe aux spectateurs de regarder le ciel au-dessus d'elle, et elle traçait comme un cercle magique avec ses bras élevés, pour marquer la région où elle voyait tournoyer les aigles.

Mais Sabina regardait en vain; ces oiseaux étaient perdus dans une telle immensité que la vue phénoménale de l'oiselière pouvait seule pressentir ou discerner leur présence. Enfin, elle aperçut quelques points noirs, d'abord indécis, qui semblaient nager au delà des nuages. Peu à peu ils parurent les traverser; leur nombre augmenta, et en même temps l'intensité de leur volume. Enfin, on distingua bientôt leur vaste envergure, et leurs cris sauvages se firent entendre comme un concert diabolique dans la région des tempêtes.

Ils tournèrent longtemps, dessinant de grands circuits qui allaient en se resserrant, et quand ils furent réunis en groupe compact, perpendiculairement sur la tête de l'oiselière, ils se laissèrent balancer sur leurs ailes, descendant et remontant comme des ballons, et paralysés par une invincible méfiance.

Ce fut alors que Madeleine, couvrant sa tête, cachant ses mains sous son manteau, et ramassant ses pieds sous sa jupe, s'affaissa comme un cadavre sur le rocher, et à l'instant même cette nuée d'oiseaux carnassiers fondit sur elle comme pour la dévorer.

— Ce jeu-là est plus dangereux qu'on ne pense, dit Teverino en prenant le fusil de Léonce dans la voiture et en s'élançant sur les rochers; peut-être que la petite ne voit pas à combien d'ennemis elle a affaire.

Madeleine, comme pour montrer son courage, se releva et agita son manteau. Les aigles s'écartèrent; mais prenant ce mouvement passager pour les convulsions de l'agonie, ils se tinrent à portée, remplissant l'air de leurs clameurs sinistres, et dès que l'oiselière fut recouchée, ils revinrent à la charge. Elle les attira et les effraya ainsi à plusieurs reprises, après quoi elle se découvrit la tête, étendit les bras, et, debout, elle attendit immobile. En ce moment, Teverino éleva le canon de son fusil, afin d'arrêter ces bêtes sanguinaires au passage, s'il était besoin. Mais Madeleine lui fit signe de ne rien craindre, et après avoir tenu l'ennemi en respect par le feu de son regard, elle quitta le rocher lentement, laissant derrière elle un oiseau mort dont elle s'était munie sans rien dire, et qu'elle avait enveloppé dans un chiffon. Pendant qu'elle descendait, les aigles se précipitèrent sur cette proie et se la disputèrent avec des cris furieux. — Voyez, dit Madeleine en rejoignant les spectateurs, comme ils se mettent en colère contre mon mouchoir que j'ai oublié là-haut! comme ils font les insolents, maintenant que je ne m'occupe plus d'eux! Allons, laissons-les chanter victoire; ce sont des animaux lâches et méchants qui obéissent par peur qu'ils n'aiment pas. Je suis sûre que mes pauvres petits oiseaux, quoique bien loin, les entendent, et qu'ils se meurent de peur. Si je leur faisais souvent de pareilles infidélités, je crois qu'ils m'abandonneraient.

— Mais je ne pense pas que tes oiseaux t'aient suivi jusqu'ici? lui demanda Léonce.

— Non, répondit-elle; ils m'auraient suivie si je l'avais voulu; mais je savais qu'ils seraient de trop ici, et je les ai envoyés coucher dans un bois que nous avons laissé sur l'autre bord du torrent.

— Et où les retrouveras-tu demain?

— Cela ne me regarde pas, répondit-elle fièrement; c'est à eux de me retrouver où il me plaira d'être. Ils voient de loin et de haut, et pendant que je fais une lieue ils peuvent en faire vingt.

— Si nous en faisions seulement deux ou trois pour trouver un abri, objecta le curé, qui n'avait pris aucun intérêt à la scène des aigles, nous pourrions remercier la Providence.

— Qu'à cela ne tienne, l'abbé, dit Teverino; je vous réponds d'un bon souper, d'un bon feu pour sécher l'humidité du soir qui commence à pénétrer, et d'un bon lit bassiné pour vous remettre de vos fatigues; à moins pourtant que vous ne vous obstiniez à retourner coucher à Sainte-Apollinaire, auquel cas, milady daignant vous accorder votre liberté, vous pourriez vous en aller à pied et arriver chez vous avec le retour du soleil!

— Bien obligé d'une pareille liberté! dit le curé; puisque je suis tombé dans vos mains, il ne faut pas que j'espère m'en tirer, et si vous voulez faire fort de nous héberger supportablement cette nuit, je tâcherai d'oublier les transes de ma pauvre Barbe, et l'étonnement de mes paroissiens quand la messe de demain ne sonnera point à leurs oreilles!

— Ce n'est pas demain dimanche, et votre infraction est involontaire, dit Teverino. Allons, repartons, et que Dieu nous conduise!

— Eh bien! et moi? dit Sabina effrayée à Léonce. Et mon mari, qui est probablement réveillé à l'heure qu'il est, et qui sans doute fait sa toilette pour venir déjeuner, c'est-à-dire souper dans mon appartement?

— Parlez plus bas, Madame, de peur que le curé ne vous entende, car c'est le seul parmi nous qu'une pareille situation pourrait scandaliser...

— Quoi! nous allons passer la nuit dehors? ce sera la fable du pays.

— Non, soyez certaine du contraire. La compagnie du curé couvre tout, et il est plus naturel que de s'égarer dans les montagnes, d'y être surpris par la nuit, et de ne rentrer chez soi que le lendemain. Le curé fera assez grand bruit d'une aussi terrible journée, pour que personne ne puisse révoquer en doute sa présence au milieu de nous.

— Mais si votre marquis, dont *vous ne répondez pas*, est un fat, il publiera des choses impertinentes sur mon compte.

— Je vous réponds du moins de le faire taire, s'il en est ainsi. Allons, Sabina, allez-vous donc vous replonger dans de tristes réalités? Qu'avez-vous fait de cet enthousiasme que le sol brûlant de l'Italie vous communiquait tout à l'heure? La poésie meurt au souvenir des convenances mondaines, et si vous manquez de foi, ma puissance sur le milieu que nous traversons va m'abandonner aussi.

— Eh bien! Léonce, vogue la galère!

— L'air fraîchit, permettez-moi de vous envelopper de mon manteau, dit Léonce.

— Gardons-en un coin pour cette petite qui est à peine vêtue, dit-elle en cherchant Madeleine à ses côtés.

— Oh! merci, Seigneurie, je n'ai pas froid, dit l'oiselière qui s'était glissée avec Teverino sur le siége.

— Je crains que le curé n'ait eu raison, reprit Sabina en anglais, et que ce ne soit une petite dévergondée. La voilà folle de votre Italien.

— Eh bien! que vous importe? dit Léonce.

Teverino poussa rapidement les chevaux à la descente, et sans la vigueur de ces généreux animaux, qui, tout couverts d'écume et de sueur, bondissaient encore d'impatience, ils eussent pu se laisser entraîner sur cette pente d'une lieue de long, en zigzag, partout bordée d'effroyables abîmes. Madeleine n'y songeait pas; et la nuit déroba bientôt au curé la vue d'une situation qui lui eût donné le vertige.

— Voyez, Signora! cria enfin le marquis en indiquant des lumières dans le fond ténébreux du paysage : voici la ville, une ville d'Italie!

IX.

PRÈS DE L'ABIME.

— Ne me dites pas le nom de cette ville, s'écria Sabina, je l'apprendrai assez tôt. Il me suffit de savoir que c'est une ville d'Italie pour que mon imagination en fasse une merveille. Voyez, cher curé, si cela ne ressemble pas à un palais enchanté!

— Je ne vois, Madame, en vérité, que des chandelles qui luisent.

— Vous n'êtes guère poëte! Quoi! il ne vous semble pas que ces lumières sont plus brillantes que d'autres lumières, que leur mystérieux rayonnement dans cette ténébreuse profondeur nous promet quelque surprise inouïe, quelque aventure nouvelle?

— Voici bien assez d'aventures comme cela pour aujourd'hui, dit le curé; et je n'en demande pas davantage.

C'était une modeste petite ville de la frontière, dont nous ne dirons pas le nom au lecteur, de crainte de la dépoétiser à ses yeux, s'il l'a, par hasard, traversée dans un jour de pluie et de mauvaise humeur; mais quelle qu'elle soit, Sabina fut frappée de son caractère italien, et sa belle position en amphithéâtre au revers des montagnes, dans une région abritée du vent du nord, chauffée par les rayons du midi, et incessamment lavée par les eaux courantes, lui donnait un aspect de propreté, de bonheur et un entourage de riche végétation. La lune, en se levant, montra des murailles blanches, des terrasses couronnées de pampres, des escaliers ornés de vases de pierre où l'aloès étalait ses arêtes pittoresques, de petits clochers au toit arrondi et une foule de boutiques remplies d'herbages et de fruits magnifiques éclairés par des lanternes en papier de couleur, qui en faisaient ressortir les riches nuances et les contours transparents. Les rues étaient bordées d'arcades grossières sous lesquelles circulaient des passants de bonne humeur, braves gens pour qui chaque beau soir d'été est une heure de fête, et qui saluaient de rires et de cris joyeux l'arrivée d'une voiture opulente. Une bande d'enfants demi-nus et de jeunes filles curieuses, la chevelure ornée de fleurs naturelles, suivit l'équipage et assista au débarquement des voyageurs, devant l'hôtel *del Leon-Bianco*, sur la place du Marché-Neuf.

L'auberge était confortable, et la vue d'un rôti copieux qui tournait au milieu des flammes, commença à éclaircir le front du curé. Tandis qu'on préparait les meilleures chambres, nos voyageurs virent se dresser la table dans une salle basse, peinte à fresque, avec ce goût d'ornementation et cette charmante harmonie de couleurs qu'on retrouve dans les plus misérables demeures de l'Italie septentrionale. Le curé n'oubliait pas ses truites et ses champignons. Ç'avait été pour lui jusque-là une fiche de consolation, et il n'avait cessé de répéter qu'avec *ce commencement de chère et de festin*,

pourvu qu'on trouvât du feu, il n'y avait rien de désespéré. Teverino prit le tablier et le bonnet blanc d'un marmiton et se mit facétieusement à l'œuvre avec l'abbé, dans la cuisine, prétendant avoir des secrets merveilleux dans cet art. Madeleine aida la négresse à préparer la chambre, de lady G... pendant que cette dernière, penchée au balcon de la salle avec Léonce, prenait plaisir à voir chanter et danser les enfants sur la place.

Quand les flambeaux furent allumés et la table couverte de mets simples et excellents, les convives se réunirent, et Léonce alla chercher l'oiselière pour faire plaisir, disait-il, au marquis ; mais Sabina ne parut pas charmée de cette persistance dans les douceurs de l'égalité. L'hôte se récria :

— Quoi, dit-il en servant le potage sur la table, la fille aux oiseaux dans la compagnie de Vos Seigneuries illustrissimes? Oh! je la connais bien, et plus d'une fois je l'ai fait dîner gratis, à cause des jolis tours qu'elle sait faire. Mais est-ce que tu nous amènes toutes tes bestioles, Madeleine? Je t'avertis que s'il leur faut à chacune un couvert et un lit, je n'ai pas assez d'argenterie et d'oreillers dans ma maison pour tant de monde. Allons, ma fille, va-t'en manger à la cuisine avec les gens de Leurs Altesses : sans plaisanterie, je te trouverai bien un petit coin dans le grenier à paille pour te faire dormir.

— Dans le grenier à paille, avec les muletiers et les palefreniers sans doute? dit le curé. Si c'est là la vie que vous menez, Madeleine, je n'ai pas tort de dire que votre vagabondage vous mènera loin.

— Bah! bah! c'est un petit enfant, seigneur abbé, reprit l'hôte, et personne encore n'y fait attention.

— Monsieur l'hôte, dit Sabina, je vous prie de faire mettre un lit dans la chambre de ma négresse; Madeleine couchera auprès d'elle. Je me suis fait suivre de cette enfant qui nous a divertis de ses talents, et je réponds de sa sécurité.

— Du moment que Votre Altesse daigne s'y intéresser, reprit l'hôte, tout sera fait ainsi qu'elle le commande. Nous l'aimons tous, cette petite : elle est magicienne aux trois quarts! Dois-je donc lui mettre son couvert à cette table?

— Eh bien! oui, répondit lady G..., curieuse de voir en face et aux lumières, quels progrès avait fait l'intimité de l'oiselière et du marquis. Mais elle fut trompée dans son attente : ces deux personnages semblaient être redevenus étrangers l'un à l'autre. Madeleine était chastement familière avec Léonce et respectueusement calme auprès de Teverino. Ce dernier, qui faisait les honneurs de la table avec une aisance merveilleuse, s'occupait d'elle avec une sorte de bonté paternelle et protectrice, qui faisait ressortir la bienveillance de son caractère sans rien ôter aux convenances de son rôle. Sabina pensa bientôt qu'elle s'était trompée, et le curé lui-même n'eut rien à reprendre aux manières du beau marquis. Il fut plutôt porté à s'effaroucher un peu de l'affection que Léonce témoignait à cette *petite sotte*, qui riait avec lui et paraissait le charmer par ses naïvetés enjouées. Mais l'appétit du bourru était si terrible et les délices de la réfection si puissantes, qu'au moment où il eût pu redevenir clairvoyant et grondeur, Madeleine avait quitté la table et s'était assoupie, avec l'insouciance de son âge, sur le grand sofa qui, dans toutes les auberges de cette contrée, décore la salle des voyageurs. De temps en temps, Léonce, placé non loin de ce sofa, se retournait et la contemplait, admirant ce repos de l'innocence, cette pose facile, et cette expression angélique, qui n'appartiennent qu'au jeune âge.

On était au dessert, et le marquis, exclusivement occupé de lady G..., parlait sur toutes choses avec un esprit supérieur; du moins c'était un genre de supériorité que les femmes peuvent apprécier : plus d'imagination que de science, une originalité poétique, une sensibilité exaltée. Sabina retomba peu à peu sous le charme de sa parole et de son regard. Le curé remplissait l'office de contradicteur, comme s'il eût eu à cœur de faire briller l'éloquence du jeune homme, et de lui fournir des armes contre la froideur dogmatique et les préjugés étroits du monde officiel. Léonce, voyant avec humeur l'animation de son amie, prit son album, l'ouvrit, et se mit à esquisser la figure de l'oiselière, sans se mêler à la conversation.

Toute femme du monde est née jalouse, et Sabina avait été si justement adulée pour sa beauté incomparable et son brillant esprit, que l'attention accordée à toute autre créature de son sexe, en sa présence, devait infailliblement lui sembler une sorte d'outrage. Habile à dissimuler ses mouvements intérieurs, elle ne les exprimait que sous forme de plaisanterie ; mais ils produisaient en elle un besoin de vengeance immédiate, et la vengeance de la coquetterie, en pareil cas, c'est de chercher ailleurs des hommages, et d'en prendre un plaisir proportionné à l'affront. Elle s'abandonna donc tout à coup aux séductions de Teverino, et ne put s'empêcher de le faire sentir à Léonce, oublieuse de la honte qu'elle avait éprouvée alors que Teverino semblait occupé de Madeleine.

Léonce, qui comprenait parfaitement ce jeu cruel, et qui avait par instants la faiblesse d'en être atteint, voulut avoir la force de le mépriser ; mais en se servant des mêmes armes, il s'exposa fort à être vaincu. Il affecta une si grande admiration pour son modèle et une attention si fervente à son travail, qu'il paraissait sourd et aveugle à tout le reste.

— Léonce, lui dit Sabina en se penchant sur son ouvrage, je suis sûre que vous nous faites un chef-d'œuvre, car jamais vous n'avez eu l'air si inspiré.

— Jamais je n'ai vu rien de plus charmant que cette dormeuse de quatorze ans, répondit-il ; le bel âge ! quel moelleux dans les mouvements ! quel sérénité dans l'immobilité des traits ! Admirez, vous autres qui êtes artistes aussi par le sentiment et l'intelligence, et convenez qu'aucune beauté de convention, aucune femme du monde ne pourrait se montrer aussi suave et aussi pure dans le sommeil.

— Je suis complétement de votre avis, répondit Sabina d'un ton de désintéressement admirable, et je gage que c'est aussi l'avis du marquis.

— Aucune ? A Dieu ne plaise que je m'associe à un pareil blasphème, répondit Teverino. La beauté est ce qu'elle est, et quand on se perd dans les comparaisons, on fait de la critique, c'est-à-dire qu'on jette de la glace sur des impressions brûlantes. C'est la maladie des artistes de notre temps ; ils se vouent à certains types, et prétendent assigner à la beauté des limites forgées dans leur pauvre cervelle ; ils ne trouvent point le beau par instinct, et rien ne se révèle à eux qu'à travers leur théorie arbitraire. Celui-ci veut la beauté puissante et fleurie à l'instar de Rubens ; cet autre la veut maigre et fluette comme les fantômes des ballades allemandes ; un troisième la voudra tortillée et masculine comme Albert Durer ; un quatrième raide et froide comme les maîtres primitifs. Et pourtant tous ces anciens maîtres, toutes ces nobles écoles ont suivi un instinct généreux ou naïf ; c'est pourquoi leurs œuvres sont originales et plaisent sans se ressembler. Le véritable artiste est celui qui a le sentiment de la vie, qui jouit de toutes choses, qui obéit à l'inspiration sans la raisonner, et qui aime tout ce qui est beau sans faire de catégories. Que lui importe le nom, la parure et les habitudes de la beauté qui le frappe ? Le sceau divin peut lui apparaître dans un cadre abject, et la fleur de l'innocence rustique résider quelquefois sur le front d'une reine de la terre. C'est à lui, créateur, de faire de celle qui le charme une bergère ou une impératrice, selon les dispositions de son âme et les besoins de son cœur. Vous êtes assez grand artiste, Léonce, pour faire de cette montagnarde blonde une Sainte Élisabeth de Hongrie, et moi *Ed io anche son pittore !* puisque je sens, puisque je pense, puisque j'aime), je puis voir la Béatrix du Dante sous la brune chevelure de milady.

— Il me semble, Léonce, dit Sabina flattée de ce dernier trait, que le marquis est tout à fait dans vos idées sur l'art, et que vous ne différez que par l'expression. Mais quel est donc ce joli dessin qui sort de votre album ? Permettez-moi de le regarder.

— Pardon, Madame, c'est une étude sur le nu, je vous en avertis. Cependant, si vous vous voulez le voir, mon Faune est assez vêtu de feuillage pour ne pas forcer M. le curé à vous l'ôter des mains, et il a dans son église des saints beaucoup moins austères.

— Cette ébauche est superbe ! dit Sabina, en regardant le croquis que Léonce avait fait au bord du lac, d'après Teverino. Voilà une charmante fantaisie, une noble attitude et un ravissant paysage !

— Moi, dit le curé, je trouve que cette figure-là ressemble comme deux gouttes d'eau à M. le marquis. Si on *l'habillait* comme le voilà, on croirait que vous avez voulu faire son portrait ; mais, après tout, l'habit ne fait pas le moine, et je vois bien que vous avez mis là sa tête avec ou sans intention.

— Sa belle figure est si bien gravée dans mon souvenir, dit Léonce en jetant un regard significatif à son marquis, que très-souvent elle vient naturellement se placer au bout de mon crayon quand je cherche la perfection.

— Et vous l'avez mis dans un paysage de notre canton, ajouta le curé. Voilà nos petits lacs et nos grandes montagnes, nos sapins et nos rochers ; c'est rendu au naturel. Voyez donc, monsieur le marquis !

— La pose est bonne, le tranquillement Teverino, et la composition jolie, mais le dessin est faible : ce n'est pas ce que notre ami a fait de mieux.

— Moi, je trouve cela très-bien, dit Sabina, qui ne pouvait détacher ses yeux de cette figure.

— Eh bien, je vous en fais hommage, dit Léonce avec ironie ; si vous ne trouvez pas cet essai indigne de votre album, il vous rappellera du moins une heureuse journée et de vives émotions.

— J'aime mieux que vous me donniez le dessin que vous faites dans ce moment-ci, répondit lady G..., effrayée du ton de Léonce. Il me semble que vous y mettez plus d'*impegno e d'amore*.

— Non, non, ceci je ne le donne pas, reprit Léonce en serrant son croquis de Madeleine dans son album et en repoussant l'autre sur la table.

— Il fait un temps superbe, dit le marquis en s'approchant de la fenêtre d'un air dégagé. La lune éclaire comme l'aurore. Si nous allions voir la ville ? Demain tout sera moins beau et aura perdu son prestige.

— Allons, dit Sabina en se levant.

— Moi, je vous demanderai la permission d'aller voir mon lit, dit le curé ; je suis rompu de fatigue.

— Quoi ! pour avoir fait sept ou huit lieues dans une bonne voiture bien suspendue ? reprit Sabina.

— Non, mais pour avoir eu chaud, et puis faim, et puis froid, et puis faim encore, enfin pour n'avoir pas mangé à mes heures. D'ailleurs, il en est neuf, et je ne vois rien que de naturel dans mon envie de dormir ; pourvu que ma pauvre gouvernante ne passe pas la nuit à veiller pour m'attendre !

— *Felicissima notte*, l'abbé, dit Teverino. Vous venez, Léonce ?

— Pas encore, répondit-il, je veux faire un autre croquis de cette dormeuse.

— Il faut que la dormeuse aille dormir ailleurs, dit le curé d'un ton sévère. Ne va-t-elle pas traîner toute la nuit comme un objet perdu sur ce canapé ? Allons, *Sans-Souci*, réveillez-vous ! Et il éventa de son grand chapeau la figure de Madeleine, qui fit le mouvement de chasser un oiseau importun, et se rendormit de plus belle.

— Laissez-la donc, curé, vous êtes impitoyable ! dit Léonce, en faisant mine de s'asseoir auprès de l'oiselière, sur le sofa.

— Cette fille, observa Sabina, ne peut pas rester ainsi endormie sous l'œil de tout le monde.

— Pardon, cher Teverino dit Teverino en s'approchant ; mais il faut obéir aux intentions de milady et de M. l'abbé.

Et prenant la jeune fille dans ses bras, comme un petit enfant, il passa dans une pièce voisine, où il avait vu la négresse se retirer pour préparer son lit.

— Tenez, reine du Tartare, voici un objet qu'on vous

Teverino poussa rapidement les chevaux à la descente. (Page 30.)

confie et que votre noble maîtresse, la blanche Phœbé, vous ordonne de garder comme la prunelle de vos yeux.

Il déposa Madeleine sur le lit, et dit tout bas à la négresse, en se retirant : — Enfermez-vous, c'est l'ordre de milady.

Léonce affecta une grande indifférence à ce qui se passait autour de lui, et il suivit nonchalamment Sabina, qui, après avoir vainement attendu qu'il lui offrît son bras, accepta celui du marquis.

Ce dernier paraissait connaître la ville, bien qu'il n'y fût connu de personne, pas même de l'hôte *del Leon-Bianco*. Il conduisit Sabina prendre des glaces dans un café qui touchait aux vieilles murailles ; car c'était une petite place anciennement fortifiée et qui portait encore la trace des boulets de la France républicaine. Il fit servir en plein air, sur une plate-forme, d'où l'on dominait les fossés et un pêle-mêle d'antiques constructions massives, rongées de lierre et de mousse. A quelque distance se dressait une tour en ruines, dont la lune argentait la silhouette élancée, et qui servait de repoussoir au vaste paysage perdu dans une vague blancheur. Le ciel était magnifique. Léonce s'éloigna et se mit à errer dans les décombres, plongé, en apparence, dans la contemplation d'une si belle nuit et d'un si beau lieu.

— Je crois bien, dit Teverino en essayant la force de ses doigts sur un débris de ciment qu'il ramassa sous ses pieds, que cette construction est d'origine romaine.

— Je n'en veux rien savoir, répondit Sabina ; j'aime mieux n'en pas douter, et rêver ici un passé grandiose, que de faire des observations archéologiques. On ne jouit de rien quand on veut s'assurer de quelque chose.

— Eh bien, vous êtes dans la vraie poésie, admirable Française ! s'écria Teverino en s'asseyant vis-à-vis d'elle, et je veux me perdre avec vous dans ce paradis de l'intelligence où le divin Alighieri fut introduit par la divine Béatrix. Quand cette comparaison m'est venue tantôt sur les lèvres, je ne me rendais pas compte de la justesse de mon inspiration. Oui, vous avez la lumière de l'esprit jointe à l'idéale beauté, et jamais je n'ai rencontré de femme aussi extraordinaire que vous. C'est la première fois que je quitte l'Italie, et je n'y avais pas connu de Française essentiellement différente de nos femmes, comme vous l'êtes. La femme du Midi a bien des instincts de poëte ou d'artiste, mais dans le caractère plus que

Je suis sûre que vous nous faites un chef-d'œuvre. (Page 34.)

dans l'intelligence; et d'ailleurs, son éducation bornée, sa vie lascive et paresseuse ne lui permettent pas de se rendre compte de ses émotions comme vous savez le faire, vous, Madame! Et comme vous exprimez vos pensées, même dans notre langue, à laquelle vous donnez une forme étrange, toujours noble et saisissante! Oui, vos sentiments sont des idées, et il me semble, en causant avec vous, que je vous suis dans une région inconnue aux autres êtres. Vous jugez toutes choses, rien ne vous est étranger, et votre science ne vous empêche pas de vous émouvoir et de vous passionner comme ces pauvres créatures qui aiment et admirent sans discernement. Votre imagination est encore aussi riche que si vous n'aviez pas la connaissance de tous les secrets de l'humanité, et, au delà de votre sagesse étonnante, l'idéal vous transporte toujours vers l'infini! En vérité, mon cerveau s'enflamme au foyer du vôtre, et il me semble que je m'élève au-dessus de moi-même en vous écoutant!

C'est par un tel flux de phrases élogieuses que Teverino versa le poison de la flatterie dans l'âme de la fière lady. Il y avait loin de cette admiration sans bornes et manifestée avec cet *entrain* italien qui ressemble tant à l'émotion, à la philosophique taquinerie de Léonce. Ce qui lui prêtait un charme irrésistible, c'est que Teverino était à peu près convaincu de ce qu'il disait. Il n'avait guère rencontré de femmes cultivées à ce point, et cette nouveauté avait pour son esprit de recherche avide et d'observation incessante un attrait véritable. Il voulait mettre cette supériorité féminine à l'aise, afin de la voir se manifester dans tout son éclat, et, sachant fort bien que de tels dons sont unis à un grand orgueil, il le caressait par d'ingénieuses adulations. Il était bien difficile, pour ne pas dire impossible, que lady G... distinguât cette passion de connaître de la passion d'aimer. Elle n'avait jamais trouvé d'homme aussi blasé et aussi naïf en même temps que Teverino; Léonce était beaucoup moins avide d'esprit et beaucoup moins tranquille de cœur auprès d'elle. Elle ne vit donc que la moitié du caractère de cet Italien, véritable dilettante de jouissance intellectuelle, qui, sans compromettre le calme de son propre cœur, attaquait vivement le sien pour l'observer comme un type nouveau dans sa vie.

Elle parla longtemps avec lui, et de quoi, entre un

beau jeune homme et une belle jeune femme, si ce n'est d'amour? Il n'est point de théorie plus inépuisable dans un tête-à-tête de ce genre, au clair de la lune. La femme se plaint de la vie, pleure des illusions, trace l'idéal de l'amour, et fait pressentir des transports qu'elle voile sous un transparent mystère de défiance et de pudeur. L'homme s'exalte, renie les préjugés, et condamne les crimes de ses semblables. Il veut justifier et réhabiliter le sexe masculin dans sa personne. Par mille adroites insinuations, il s'offre pour expier et réparer le péché originel, tandis que, par mille détours plus adroits encore, on élude son hommage et on le ramène à une nouvelle ferveur. Ceci est le résumé banal de tout entretien de cette nature entre gens civilisés. C'est le résumé de ce qui s'était passé, avec plus d'art encore et de dissimulation, entre Sabina et Léonce, le matin même. Mais avec Teverino Sabina eut moins d'effroi et plus de douceur. Au lieu de reproches et d'inculpations agitées, elle n'eut que le tranquille parfum de l'encens à respirer. Aussi courut-elle un danger beaucoup plus grand, celui de donner de la tendresse à qui ne lui demandait que de l'imagination.

Comme l'aventurier, au fort de ses dithyrambes, parlait haut dans la nuit sonore, Sabina fut un peu effrayée de voir reparaître Léonce au bas du rempart.

— Voici Léonce! dit-elle pour réprimer sa faconde.
— Il est bien soucieux et rêveur, ce soir, le pauvre Léonce! dit Teverino en baissant la voix.
— Je ne l'ai jamais vu si maussade, reprit-elle; on dirait qu'il s'ennuie avec nous.
— Non, Madame; il est amoureux et jaloux.
— De l'oiselière, sans doute? dit-elle d'un ton dédaigneux.
— Non, de vous; vous le savez bien.
— Vous vous trompez, marquis. Il y a quinze ans que nous nous connaissons, et il n'a jamais songé à me faire la cour.
— Eh bien, Madame, je vous jure qu'il y pense sérieusement aujourd'hui.
— Ne faites pas cette plaisanterie, elle me blesse.
— N'est-il pas un galant homme, un grand artiste, un aimable et beau garçon? Son amour vous était dû, et vous ne pouvez pas en être offensée.
— J'en serais mortellement peinée, car je ne pourrais le partager.
— Cela est effrayant, Madame. En ce cas, je vois bien que nul homme ne sera aimé de vous; car nul homme ne peut se flatter d'égaler Léonce.
— Vous vous trompez, marquis; il a toutes sortes de perfections dont je le tiendrais quitte, s'il ne lui manquait une toute petite qualité, qu'on peut espérer de trouver ailleurs.
— Laquelle?
— La faculté d'aimer naïvement, sans orgueil et sans défiance.

En disant ces paroles, elle s'était levée pour aller à la rencontre de Léonce, et, à la manière dont elle s'appuya avec abandon sur le bras de Léonce, celui-ci se dit : « Vaincre ce grand courage n'est pas si difficile que je croyais. »

Sabina s'était imaginé parler bien bas; mais, comme elle venait de descendre les degrés qui conduisaient dans l'amphithéâtre verdoyant des anciens fossés, elle ne se rendit pas compte de la sonorité de ce lieu, et elle ne se douta point que Léonce eût tout entendu. Il fut tellement blessé et affecté de ses dernières paroles, qu'il eut la force de dissimuler et de reprendre le calme de son rôle. Il y réussit au point de faire croire à Teverino lui-même qu'il s'était trompé, et à lady G... qu'elle avait raison de lui attribuer une grande froideur. Il leur proposa de monter au sommet de la tour démantelée, leur promettant, sur ce point culminant, une vue magnifique et un air encore plus pur que celui des remparts. Ils firent donc cette tentative. Léonce passa le premier pour leur frayer le chemin qu'il venait d'explorer seul, pour écarter les ronces et les avertir à chaque marche écroulée ou glissante de l'escalier en spirale.

Malgré ces précautions, l'ascension était assez pénible et même dangereuse pour une femme aussi délicate et aussi peu aguerrie contre le vertige que l'était lady G..., mais la force et l'adresse du marquis lui donnaient une confiance singulière, et, ce qu'elle n'eût jamais osé entreprendre de sang-froid, elle l'accomplit d'enthousiasme, tantôt appuyée sur son épaule, tantôt les mains enlacées aux siennes, tantôt soulevée dans ses bras robustes.

Dans ce trajet émouvant, plus d'une fois leurs chevelures s'effleurèrent, plus d'une fois leurs haleines se confondirent, plus d'une fois Teverino sentit battre contre sa poitrine haletante de fatigue un cœur ému de honte et de tendresse. La lune pénétrant par les larges arcades brisées de la tour, projetait de vives clartés sur l'escalier, interrompues de distance en distance par l'épaisseur des murs. Dans ces intervalles de lumière et d'obscurité, tantôt on se trouvait bien près et tantôt bien loin de Léonce, qui, feignant de ne rien voir, ne perdait pourtant rien de l'émotion croissante de ses deux compagnons. Enfin l'on se trouva au faîte de l'édifice. Un mur circulaire de huit pieds de large, sans aucune balustrade, en formait le couronnement, et Léonce en fit causer la tour, mesurant de l'œil cette muraille lisse qui allait perdre sa base cyclopéenne dans les fossés à cent pieds au-dessous de lui. Mais Sabina fut saisie d'une terreur insurmontable et pour elle-même et pour Teverino qui, debout auprès d'elle, s'efforçait en vain de la rassurer. Elle s'assit sur la dernière marche, et ne respira tranquille que lorsque le marquis se fut assis à ses côtés et l'eut entourée de ses deux bras, comme d'un rempart inexpugnable. Les chouettes effarouchées s'élevaient dans les airs en poussant des cris de détresse. Léonce, sous prétexte de découvrir leurs nids et de porter des petits à l'oiselière, pour voir comment elle se tirerait de leur éducation, redescendit l'escalier et alla fureter dans les étages inférieurs, où bientôt le craquement de ses pas sur le gravier cessa de se faire entendre.

Teverino n'était plus aussi maître de lui-même qu'il avait pu l'être en prenant des glaces un quart d'heure auparavant, avec Sabina, dans un isolement moins complet. D'ailleurs, Léonce paraissait si indifférent aux conséquences possibles de l'aventure, qu'il commençait à ne plus s'en faire un cas de conscience aussi grave. Cependant, l'étonnante loyauté de ce bizarre personnage luttait encore contre l'attrait de la beauté et l'orgueil d'une pareille conquête. Il réussit à dissiper les terreurs de Sabina, et, pour l'en distraire, il lui proposa d'entendre un hymne à la nuit, dont il improviserait les paroles, et qu'il se sentait l'envie de chanter en ce lieu magnifique. Il lui avait déjà donné un échantillon de sa voix, qui faisait désirer d'en entendre davantage. Elle y consentit, tout en lui disant que tant qu'elle le verrait debout sur ce piédestal gigantesque, elle aurait un affreux battement de cœur.

— Eh bien ! répondit-il, je suis toujours certain d'être écouté avec émotion, et beaucoup de chanteurs de profession auraient besoin d'un semblable théâtre.

La facilité et même l'originalité de son improvisation lyrique, l'heureux choix de l'air, la beauté incomparable de sa voix, et ce don musical naturel, qui remplaçait chez lui la méthode par le goût, la puissance et le charme, agirent bientôt sur Sabina d'une manière irrésistible. Des torrents de larmes s'échappèrent de ses yeux, et lorsqu'il revint s'asseoir auprès d'elle, il la trouva si exaltée et si attendrie en même temps, qu'il se sentit comme vaincu lui-même. Il l'entoura de ses bras en lui demandant si elle avait encore peur; elle s'y laissa tomber en lui répondant à travers ses yeux entrecoupés par les larmes : « Non, non, je n'ai plus peur de vous. »

En ce moment leurs lèvres se rencontrèrent ; mais aussitôt les pas de Léonce résonnant sous la voûte de l'escalier à peu de distance, les rappelèrent brusquement à eux-mêmes. On distinguait dans le lointain les battements de mains de plusieurs personnes qui, du bord des remparts où elles se promenaient, avaient entendu ce chant admirable planer dans les airs comme la voix du génie des ruines. Elles applaudissaient avec transport l'artiste inconnu dispensateur d'une jouissance si chère aux oreilles italiennes; mais ces applaudissements firent tressaillir Sabina encore plus que l'approche de Léonce. Il lui sembla que c'était comme une ironique fanfare sonnée sur son imminente défaite, et elle eut besoin de constater qu'elle était assise de manière à demeurer, même de très-loin, invisible aux regards curieux, pour se rassurer contre la honte d'une pareille faiblesse.

X.

LO QUE PUEDE UN SASTRE.

Nos voyageurs firent le tour des murailles en dehors de la ville, et quand ils arrivèrent à l'auberge du Lion-Blanc, où ils entrèrent par une petite porte donnant sur des jardins, onze heures sonnaient à l'horloge de la place. Un attroupement de bourgeois et d'artisans s'était formé devant la principale entrée de l'hôtellerie, et l'hôte paraissait soutenir une discussion animée.

— Que voulez-vous, Seigneuries? répondit-il aux interrogations de Léonce et de Teverino, en poussant la porte au nez des curieux; les gens de la ville prétendent qu'un grand chanteur est logé dans ma maison, que c'est au moins le signor Rubini, qui, pour se soustraire aux importunités de nos dilettanti, cache son nom et sa présence, et que je suis le complice de son incognito. Les uns veulent absolument qu'il se montre au balcon pour recevoir les félicitations du public qui l'a entendu chanter, il n'y a pas plus d'une demi-heure, du côté des remparts; d'autres parcourent toute la ville, entrent dans tous les cafés, demandent à grands cris le signor Rubini; enfin, je ne sais plus que faire. J'ai eu l'honneur de voir passer plusieurs fois dans ma maison le signor Rubini; je sais bien qu'il n'y est pas.

Cet incident donna à Teverino l'idée d'une facétie en même temps que le désir de tenter une épreuve sur Sabina.

— Écoutez, dit-il à son hôte, je chante passablement, et c'est moi qui tout à l'heure exerçais ma voix du côté de la grande tour. Je suis le marquis de Montefiore. Est-ce que vous ne m'aviez pas encore reconnu?

— J'ai parfaitement reconnu votre illustrissime Seigneurie aussitôt qu'elle est descendue de voiture, répondit l'hôte, incapable d'avouer qu'il ne se souvenait pas d'avoir jamais vu la figure de Teverino; si je ne l'ai pas saluée par son nom, c'est que j'ai craint de trahir l'incognito que les personnes de qualité ont parfois la fantaisie de garder en voyage.

— Eh bien, reprit le prétendu marquis, persévérez dans votre louable discrétion jusqu'à ce que j'aie quitté la ville, et, en récompense, je ne passerai jamais chez vous sans m'arrêter pour y prendre quelque chose. J'ai la fantaisie de me permettre une innocente plaisanterie envers les habitants mélomanes de votre noble cité. Allumez des flambeaux sur la galerie, et annoncez que l'artiste, dont on a entendu la voix, va se rendre aux désirs du bienveillant public.

— Que prétends-tu? lui demanda Léonce, tandis que l'hôte courait exécuter ses ordres, te faire passer pour Rubini?

— Il le peut, dit Sabina avec entraînement.

— Signora, lui répondit l'aventurier en portant la main de lady G... à ses lèvres, en signe de gratitude pour cet éloge, je n'ai pas une pareille prétention, et je veux donner une petite leçon à des auditeurs assez sots pour faire une si grossière méprise; et puis je veux terminer les plaisirs de votre journée par une comédie qui vous divertira peut-être. Toutes nos chambres donnent sur cette galerie qui longe la place. Tenez-vous dans la vôtre en regardant par la fente de votre porte, et ne me trahissez pas, vous, Léonce, en ayant l'air de me connaître.

Quand tout fut disposé comme l'entendait Teverino, Sabina, cachée avec Léonce derrière un rideau, vit paraître, sur la galerie éclairée, un personnage misérable, les cheveux en désordre, la barbe hérissée, l'œil hagard, la démarche traînante, et vêtu de méchants habits beaucoup trop étroits pour lui. Il lui fallut quelques minutes pour reconnaître, sous ce travestissement ridicule, l'élégant Tiberino de Montefiore. Tout était changé, étriqué, appauvri dans son air et dans sa personne. La veste du plus jeune fils de l'hôte bridait sa poitrine et la faisait paraître rentrée; un pantalon court et trop étroit lui allongeait les jambes; ses mains pendaient sans grâce sur ses flancs paresseux; une casquette qu'on eût dit ramassée au coin de la borne, une mauvaise guitare passée en sautoir, un gros bâton de pèlerin, tout lui donnait l'aspect d'un misérable histrion ambulant. Sabina essaya de rire; mais son cœur se serra sans qu'elle pût en apprécier la cause, et Léonce, surpris de ce défi jeté à son indiscrétion, se demanda quelle pouvait être l'audacieuse fantaisie de son complice.

A l'aspect de ce triste personnage, la foule rassemblée au-dessous de la galerie, et qui avait commencé par battre des mains à son approche, changea tout à coup ses cris d'admiration en huées et en sifflets, menaçant d'enfoncer les portes et de rosser l'hôte *del Leon-Bianco*, pour lui apprendre à se moquer ainsi de ses honorables concitoyens.

— Un petit moment, gracieux public, dit Teverino après avoir apaisé la rumeur par des gestes mêlés d'impertinence et d'humilité, prenez pitié d'un pauvre artiste qui a osé profiter de la circonstance pour vous exhiber ses petits talents. S'il ne réussit pas à vous amuser, il s'offrira lui-même à votre courroux et tendra le dos aux poignées de monnaie dont il vous plaira de l'accabler.

Tout public est capricieux et mobile. Les lazzis de Teverino eurent bientôt adouci celui de la petite ville, et, à défaut du grand chanteur, on consentit à écouter le misérable saltimbanque. Il demanda un sujet d'improvisation et débita plusieurs centaines de vers ronflants avec une emphase burlesque; après quoi il se mit à miauler, à aboyer, à hennir, à contrefaire le cri de divers animaux, à siffler des variations sur un air des rues, et à imiter la voix de *pulcinella*, le tout avec une facilité merveilleuse, et s'accompagnant en même temps du grattement monotone et discordant de la guitare.

Quand il eut fini, une pluie de gros sous fit résonner le plancher de la galerie, et le public, l'accablant d'applaudissements ironiques, redemanda à grands cris le chanteur merveilleux. C'était un mélange confus de sifflets, de rires et de trépignements d'impatience. De mauvais plaisants demandaient la tête de l'hôte du Lion-Blanc.

— Eh bien, Messieurs, dit Teverino, il faut vous satisfaire; le grand chanteur m'a promis de se faire entendre si je réussissais à vous distraire de lui pendant quelques instants. Ma gageure est gagnée, et je vais lui porter vos hommages empressés.

Là-dessus, Teverino rentra dans sa chambre, et en ressortit bientôt peigné et paré. Seulement, dans l'intervalle, il fit adroitement éteindre une partie des lumières, de façon qu'on ne pouvait plus le voir assez distinctement pour constater que c'était le même homme. Il préluda sur la guitare avec un rare talent et chanta une barcarolle avec tant de charme, que la foule, enthousiasmée, cria *bis* avec fureur. Il consentit à recommencer, et quand ce fut fini, il se pencha sur la balustrade d'un air de protection aristocratique. Les cris d'enthousiasme firent place à un profond silence. « Amis, dit-il alors avec une distinction d'accent où l'on ne trouvait plus rien de l'emphase de l'histrion, j'ai consenti à me faire entendre, bien que je sois, par ma position, tout à fait indépendant des caprices d'un public de village et de toute espèce de public. Vous faisiez un tel vacarme sous mes fenêtres, qu'il m'était impossible de dormir, et que j'ai été forcé de transiger; mais pour vous punir de votre indiscrétion, je ne chanterai pas davantage, et si vous ne prenez pas le parti de vous retirer au plus vite dans vos maisons, je vous préviens que vous allez être inondés par les pompes à incendie que j'ai fait venir dans cet hôtel, et qui sont prêtes à fonctionner au premier cri de révolte. »

La foule, épouvantée, se dispersa en un clin d'œil, persuadée qu'elle venait d'impatienter quelque haut personnage, et, dans son humble gratitude, on l'entendit battre des mains en se retirant à travers les rues.

Une demi-heure après, tout était silencieux dans la ville, et tout le monde couché à l'hôtel du Lion-Blanc, excepté Savina et Teverino qui causaient encore, penchés sur la balustrade de la galerie, commentant cette dernière aventure, et riant avec précaution, de peur d'éveiller leurs compagnons de voyage.

— Voyez ce que c'est que le préjugé, disait le bohémien. Cette foule imbécile ne se doute pas qu'elle a sifflé et applaudi le même homme.

— Faut-il vous avouer, marquis, répondit Sabina, que j'y aurais été trompée la première, si vous ne m'eussiez avertie?

— Bien vrai, Signora? Je suis heureux de vous avoir procuré un peu d'amusement.

— Je ne sais pas si je peux vous remercier de l'intention. La scène était bizarre, plaisante peut-être, et pourtant elle m'a fait mal.

— Nous y voilà, pensa Teverino; et il pria lady G... de s'expliquer.

— Quoi! vous ne comprenez pas, lui dit-elle d'une voix émue, qu'il est pénible de voir travestir la noblesse et la beauté?

— J'étais donc bien laid sous ces méchants habits? reprit-il moins touché du compliment que Sabina ne devait s'y attendre, après ce qui s'était passé entre eux.

— Je ne dis pas cela, répliqua-t-elle d'un ton moins tendre; mais toute l'élégance de vos manières ayant disparu, et toute la dignité de votre personne ayant fait place à je ne sais quoi de cynique et de honteux, je souffrais de vous voir ainsi, et je ne pouvais me persuader que ce fût vous!

— Et c'était moi, pourtant, c'était bien moi!...

— Non, marquis, c'était le personnage que vous vouliez représenter, et ce personnage n'avait rien de vous.

— Mes manières et mon langage étaient affectés, j'en conviens; mais enfin c'était toujours ma figure, ma voix, mon esprit, mon cœur, ma personne, mon être, en un mot, qui se cachaient sous ces apparences. J'avais donc entièrement disparu à vos yeux? Cela est étrange!

— Ce que je trouve étrange, c'est que vous vous étonniez de ma stupeur. Les manières et le langage sont l'expression de l'esprit et du caractère, et l'être moral semble se transformer quand l'être extérieur se décompose.

— Et les habits y sont pour beaucoup aussi, dit Teverino avec une philosophique ironie.

— Les habits? dites-vous? Je ne crois pas.

— Si fait; pensez-y bien, Signora. Je suppose que je me présente de nouveau devant vous avec les habits râpés et mesquins du fils de notre hôte... supposons même que je sois ce fils, qui est, je crois, garde forestier ou employé à la gabelle...

— Où voulez-vous donc en venir? Achevez.

— Eh bien! je suppose que, conservant ma figure, mon cœur et mon esprit tels que Dieu les a faits, je vous apparaisse pour la première fois pauvrement accoutré et appartenant tout de bon à une condition très-humble...

— Votre supposition n'a pas le sens commun : on ne trouve guère dans ces races obscures le cachet de noblesse et de grâce qui vous distingue.

— Guère, c'est possible; mais enfin cela se trouve quelquefois. Il y a des dons naturels que Dieu semble avoir départis à de pauvres hères, comme pour railler les prétentions de l'aristocratie.

— Vous voilà dans les idées de Léonce; je ne les discute pas; mais ce que je puis vous répondre, c'est que de tels dons ont une rapide influence sur l'existence et la condition de celui qui les possède. Un pauvre hère, comme vous dites, lorsqu'il se sent investi providentiellement de l'intelligence et de la beauté, transforme activement le milieu fâcheux où le caprice du sort l'a jeté; il se fraie une route nouvelle; il aspire sans cesse à l'élégance de la vie, aux nobles occupations, aux jouissances de l'esprit, aux priviléges de la beauté, et il se place bientôt au rang qui semblait lui être dû.

— Il est très-vrai qu'il y aspire fortement, reprit Teverino, et très-vrai encore qu'il y arrive quelquefois; mais il est plus vrai encore de dire qu'il échoue la plupart du temps, parce que la société ne le seconde pas; parce que les préjugés le repoussent, parce qu'enfin il n'a pas contracté dans sa jeunesse l'habitude de se complaire dans la contrainte, et que son éducation première le ramène sans cesse vers l'insouciance, ennemie de la lutte et de l'esclavage.

— Eh bien! ce que vous dites là donne tort à votre premier raisonnement. Les habits ne prouvent donc rien, mais bien les habitudes, c'est-à-dire le langage et les manières.

— Habits, langage et manières, tout cela fait partie des habitudes de la vie : c'en est l'expression; et la condition de l'homme pauvre et obscur est la chose la plus significative pour le vulgaire; mais ce sont là des habitudes pour ainsi dire extérieures, et l'être moral n'en a pas moins de prix devant Dieu.

— Je ne conçois rien à de telles distinctions, marquis! Dans votre bouche, c'est un raisonnement généreux et désintéressé; mais dans la bouche du personnage que vous vous amusiez tout à l'heure à représenter, ce seraient d'insolentes et vaines prétentions. La philanthropie vous égare; l'être moral ne peut se détacher ainsi de l'être extérieur. Là où le langage est ridicule, les habitudes grossières, le désordre habituel, la mine impertinente et le métier ignoble, pouvez-vous espérer de découvrir un grand cœur et un grand esprit?

— Cela se pourrait, Madame; je persiste à le croire, malgré votre dédain pour la misère.

— Ne me calomniez pas. Il est une misère que je plains et respecte : c'est celle de l'infirme, de l'ignorant, du faible, de tous ces êtres que le malheur de leur race jette à demi morts, physiquement ou moralement, dans le grand combat de la vie. Étiolés de corps ou d'esprit avant d'avoir pu se développer, ces malheureux sont bien les victimes du hasard, et nous nous devons de les plaindre et de les secourir; mais celui qui *pouvait* et qui n'a pas *voulu* est coupable, et ce n'est pas injustement que la société le repousse et l'abandonne.

— Soit, dit Teverino avec un mélange de hauteur et de bonté. Il faudrait être Dieu pour lire dans son cœur et pour savoir si, alors, il ne trouve pas en lui-même des consolations que le monde ignore; si, entre la suprême bonté et lui, il ne s'établit pas un commerce plus pur et plus doux que toutes les sympathies humaines et que toutes les protections sociales. Je me figure, moi, que les dons de Dieu servent toujours à quelque chose, et que les derniers sur la terre ne seront pas les derniers dans son royaume. *Quelqu'un* l'a dit autrefois... Mais je m'aperçois que je tourne à la prédication et que j'empiète sur les droits de notre bon curé. Je dois me contenter de vous avoir montré que je savais jouer la comédie. On m'a toujours dit que j'étais né comédien, et pourtant j'ai un cœur sincère qui m'a toujours entraîné contrairement aux lois de la prudence.

— Allons, vous êtes un mime incroyable, dit Sabina, et vous vous êtes tiré de cette farce italienne comme l'eût fait un écolier facétieux en vacances. J'admire l'enjouement et la jeunesse de votre caractère, et pourtant je vous avoue que j'en suis un peu effrayée.

— Vous me croyez frivole?

— Non, mais mobile et insouciant peut-être!

— En ce cas, vous ne me jugez pas perfide et dissimulé, malgré mon art pour les travestissements?

— Non, à coup sûr.

— Eh bien, j'aime mieux cela que d'être pris pour un hypocrite.

— Vous est-il donc indifférent d'inspirer un autre genre de méfiance?

— Je pourrais si aisément les vaincre tous qu'aucun ne m'inquiète. Mais comme on ne me mettra point à l'épreuve, je n'ai que faire de me disculper, n'est-il pas vrai, belle Sabina? Je serais ici un grand fat, si j'entreprenais de me faire apprécier.

— N'êtes-vous point jaloux d'estime et d'amitié?

— Estime et amitié! paroles françaises que nous ne comprenons guère, nous autres Italiens, entre une belle femme et un jeune homme. Moins subtils et plus passionnés, nous allons droit au fait du vrai sentiment que nous pouvons éprouver. Je vous confesse que votre estime et votre amitié pour Léonce sont choses que je n'envie pas, et auxquelles je préférerais le dédain et la haine.

— Expliquez cela.

— Comment et pourquoi n'aimez-vous point Léonce, cet homme excellent et charmant, qui vous aime avec passion?

— Il ne m'aime pas du tout, et voilà le secret de mon indifférence. Or, faut-il haïr et dédaigner un homme aussi accompli, parce qu'il n'est pas amoureux de moi? Ne dois-je pas dépouiller ici ma vanité de femme et rendre justice à son noble caractère et à son grand esprit, en lui vouant une affection plus tranquille et plus durable que l'amour?

— A la manière dont vous parlez de l'amour, on dirait que vous ne l'avez jamais connu, Signora. Une Italienne n'aurait pas tant de délicatesse et de générosité; elle mépriserait tout simplement, et tiendrait pour son ennemi l'homme capable de vivre avec elle dans cette espèce d'intimité grossière et offensante, que vous nommez amitié. Eh! tenez, Signora, de quelque race qu'elle soit, une femme est toujours femme avant tout. L'instinct de la vérité est plus puissant sur elle que les lois de la convenance et du bon goût. Votre amitié, c'est-à-dire votre dédain pour mon noble ami, ne repose que sur une erreur. Vous ne vous apercevez pas de son amour, et vous le punissez de son silence par votre estime. Si vous lisiez dans son cœur, vous répondriez à ce qu'il éprouve.

— Marquis, je vous trouve fort étrange de vous charger ainsi des déclarations de Léonce.

— Je vous jure sur l'honneur, Signora, que je n'en suis point chargé, et qu'il est aussi méfiant avec moi que vous-même.

— Ainsi, vous me faites la cour pour lui de votre propre mouvement, et vous vous chargez gratuitement de sa cause? c'est très-noble et très-généreux à vous, marquis, et cela rappelle la fraternité des anciens chevaliers. Laissez-moi vous dire que rien n'est plus digne d'*estime*, et que, dès ce jour, mon *amitié* vous est acquise à juste titre.

Ayant ainsi parlé avec un amer dépit, Sabina se leva, souhaita le bonsoir au marquis, et se retira dans sa chambre.

Nous avons dit déjà que toutes les chambres de nos personnages étaient situées sur cette galerie planchéiée qu'abritait un large auvent, à la manière des constructions alpestres, et qui longeait la face de la maison tournée vers la place. Léonce et Teverino occupaient la même chambre, et lorsque ce dernier y entra, il trouva son ami encore habillé et marchant avec agitation.

— Jeune homme, dit Léonce en venant à sa rencontre, la main ouverte, tu as de nobles sentiments et tu étais digne d'un noble sort. Je t'ai grossièrement offensé au passage du torrent, veux-tu l'oublier?

— Je vous le pardonnerai de grand cœur, Léonce, si vous m'avouez que la jalousie, c'est-à-dire l'amour, vous a causé cet emportement involontaire?

— Et autrement tu ne l'oublieras point?

— Autrement, je persisterai à vous en demander raison. Plus ma condition vous semble abjecte, plus vous me deviez d'égards, m'ayant attiré dans votre compagnie; et si la différence de nos fortunes vous faisait hésiter à me donner satisfaction, je vous dirais, pour vous stimuler, que je suis de première force à toutes les armes, et que je n'en suis pas à mon premier duel avec des gens de qualité.

— Je n'ai point de lâche préjugé qui me fasse hésiter sur ce point; je suis de mon siècle, et je sais qu'un homme en vaut un autre. Je ne suis pas maladroit non plus, et j'aurais quelque plaisir à me mesurer avec toi, si ma cause était bonne; mais je la sens mauvaise, et je souffre d'autant plus de t'avoir outragé, que je vois en toi cette fierté d'honnête homme.

— Vos excuses sont d'un honnête homme aussi, et je les accepte, dit Teverino en lui serrant la main avec une mâle dignité; mais, pour mettre ma susceptibilité en repos, vous auriez dû avouer que l'amour et la jalousie étaient seuls coupables.

— Vous voulez des confidences, Teverino? Eh bien! vous en aurez. La jalousie, oui, j'en conviens, mais l'amour, non!

— Voilà encore des subtilités françaises! Une femme nous plaît ou ne nous plaît pas. Là où il n'y a point d'amour, il n'y a point de jalousie.

— C'est le langage de la droiture et de la naïveté; mais admettons, j'y consens, que la civilisation des mœurs françaises et le raffinement de nos idées produisent cette étrange contradiction : ne pouvez-vous comprendre que ce que vous pouvez éprouver? Vous qui avez vu tant de choses, étudié tant de natures diverses, ne savez-vous pas que l'amour-propre est une cause de dépit et de jalousie aussi bien que la passion véritable?»

Teverino s'assit sur le bord de son lit, garda un silence méditatif pendant quelques instants, puis reprit en se levant : « Oui! ce sont des maladies de l'âme, produites par la satiété. Pour ne point les connaître il faut être, comme moi, visité par la misère, c'est-à-dire par l'impossibilité fréquente de satisfaire toutes ses fantaisies. Chère pauvreté! tu es une bonne institutrice des cœurs. Tu nous ramènes à la simplicité primitive des sentiments et des idées, quand l'abus des jouissances menace de nous corrompre. Tu nous donnes tant de naïves leçons, qu'il faut bien que nous restions naïfs sous ta loi austère!

— Quel rapport établissez-vous donc entre votre misère et la droiture de votre cœur?

— La misère, Monsieur, est toute une philosophie. C'est le stoïcisme, et l'âme stoïque est faite toute d'une pièce. Que ma maîtresse me soit enlevée par un homme puissant (la puissance de ce siècle c'est la richesse), je courbe la tête, et mon orgueil n'en souffre pas. Ce cœur, auquel mon cœur n'a pas suffi, ne me semble digne ni de regret ni de colère. Si je pouvais soutenir la lutte et donner à mon infidèle les jouissances de la vie, je pourrais alors connaître la jalousie et m'indigner de ma défaite. Mais là où mon rival dispose de séductions que la fortune me dénie, je ne puis m'en prendre qu'à la destinée... et les personnes ne me paraissent plus coupables.

— Tu es très-philosophe, en effet, et je t'en fais mon compliment. Mais ceci ne peut s'appliquer au mouvement de jalousie que tu m'as inspiré. Tu n'as rien, et l'on te préfère à moi qui suis riche. J'ai donc sujet d'être doublement humilié.

— Oui, d'être furieux, si vous êtes amoureux. Sinon, ce n'est qu'un délire de la vanité, et je ne comprends pas qu'un homme dont l'esprit est aussi éclairé que le vôtre, se laisse émouvoir par une telle vétille. Si vous aviez pris l'habitude d'être supplanté à toute heure par la loi fatale du destin, vous seriez aguerri contre ces petits revers. Vous savez que la femme est l'être le plus impressionnable de la création, et par conséquent celui qui peut nous donner le plus de jouissance et le moins de droits, le plus d'ivresse et le moins de sécurité.

— C'est une philosophie de bohémien, s'écria Léonce, et je me sens incapable d'aimer ainsi. Tu es tout tendresse et tout tolérance, Teverino; mais tu ne portes pas dans l'amour l'instinct de dignité que tu possèdes à l'endroit de l'honneur.

— Je ne place pas l'honneur où il n'est pas, et ne cherche pas l'amour pour l'amour.

— Aussi tu es aimé souvent et tu n'aimes jamais; tu ne connais que le plaisir.

— Et pourtant je sacrifie souvent le plaisir à des idées d'honneur. Ne vous hâtez pas de me juger, Léonce; vous ne savez pas ce qui se passe en moi à cette heure.

— Je le sais, ami, s'écria Léonce avec feu. Tu combats des désirs que tu pourrais satisfaire à l'heure même. Il n'y a pas loin de cette chambre à celle d'une certaine grande dame, orgueilleuse et faible entre toutes celles de sa race, et je sais fort bien qu'il te suffirait de chanter une romance sous sa fenêtre et de lui tourner un compliment d'irrésistible flatterie pour animer ce prétendu marbre de Carrare et embraser ces lèvres dédaigneuses...

— Halte-là, Léonce, je n'ai pas cette confiance, et ne m'attribue pas ce pouvoir !

— Est-ce dissimulation, modestie ou loyauté ? Sois dégagé de tout scrupule. J'ai tout vu, tout entendu ; je sais comment tu as été curieux, et puis tenté, et puis vainqueur de toi-même par générosité envers moi. Je t'en sais gré ; mais l'estime que tu m'inspires augmente le mépris que j'ai conçu pour cette femme, et je veux qu'elle porte la peine de son hypocrite froideur. Je veux que tu te livres à l'emportement de ta jeunesse, et que tu lui donnes ces plaisirs que son œil humide implore depuis ce matin. Va, enfant du hasard, et roi de l'occasion ! l'heure est propice, et tu as déjà cueilli le premier baiser, ce baiser d'amour après lequel une femme ne peut rien refuser. Tu me rendras un grand service, tu me délivreras d'une agonie mortelle et d'un attrait fatal, trop longtemps combattu en vain. La seule chose que j'exige de toi c'est la discrétion, et d'ailleurs ta vie me répond de ton silence. Sois heureux cette nuit, tu mourras demain... si tu parles !

— Un duel à mort serait un stimulant céleste si j'étais véritablement tenté, répondit Teverino avec calme ; mais je ne le suis pas, parce que je vois que tu es éperdument épris, pauvre Léonce ! ta fureur et ton injustice révèlent, malgré toi, le fond de ton âme. Allons, calme-toi, cette belle créature n'est ni fausse ni coupable. Elle n'est que méfiante et irrésolue, et si elle ne t'a pas encore aimé, Léonce, c'est ta faute !

— Non, non, c'est la sienne. Peut-elle ignorer que je l'aime, et que ma respectueuse amitié n'est qu'un jeu timide ?

— Tu en conviens, à la fin !

— Je conviens que je l'aime depuis longtemps, et que ce matin encore... j'étais prêt à me déclarer ; eh quoi ! ne l'ai-je pas fait cent fois depuis ce matin, insensé que je suis ! Mes emportements, mes railleries amères, ma tristesse, mon inquiétude, mes soins jaloux, mes efforts pour être amoureux de Madeleine, ne sont-ce pas là autant d'aveux par trop naïfs pour le monde entier ?

— Léonce ! Léonce ! vous avez été compris !

— Oui, et c'est ce qu'il y a de plus odieux de sa part, de plus humiliant pour moi. Elle a feint de ne rien voir ; elle s'est obstinée dans sa superbe impudence, elle a cherché tous les moyens de me décourager ; et quand elle a vu que je souffrais bien, elle s'est jetée dans les bras d'un inconnu avec une sorte de cynisme.

— Tais-toi, blasphémateur ! tu me scandalises, s'écria Teverino. Tu es aveugle et grossier dans ta passion. Quoi ! tu ne vois pas que cette femme t'aime, et c'est à moi de t'enseigner les délicatesses de son cœur ! Tu ne vois pas que c'est par dépit qu'elle m'écoute, et que son âme, agitée par la passion, cherche un refuge dans l'ivresse de quelque fatale catastrophe ? Tu choisis pour arriver à elle des chemins remplis d'épines, et les douceurs que tu lui prépares sont mêlées de fiel : tu l'irrites par d'orageux désirs, et aussitôt tu t'éloignes, hautain et plein d'épigrammes, offensé de ce qu'elle ne te fait pas des avances contraires à la pudeur de son sexe ! tu veux qu'elle t'exprime sa passion, qu'elle te rassure contre tout hasard, qu'elle te promette des jours filés d'or et de soie ; qu'elle s'excuse et se justifie d'avoir été jusqu'à ce jour insensible à tes séductions ; qu'elle te demande en quelque sorte pardon de sa lenteur à se soumettre ; enfin, qu'elle te verse, en échange de l'amer breuvage de vérités que tu lui présentes, les flots d'ambroisie de l'amoureuse adulation ! Vous êtes absurde, Léonce, et vous ne savez pas ce que c'est qu'une telle femme. Vous croiriez déroger en vous courbant sous ses pieds, en vous traînant dans la poussière, en vous confessant indigne de sa tendresse, et vous ne voyez pas que c'est là tout bonnement l'expression naturelle d'un amour vrai, la gratitude naïve d'un bonheur exalté ?

— Italien ! Italien ! fleuve débordé qui roule au hasard, tu n'attends pas que l'enthousiasme te pénètre pour l'exprimer, et tes transports peuvent devancer le bonheur qui les fait naître ! Tu connais toutes les ruses de la séduction, et tu parles de naïveté !

— Oui, je suis naïf en travaillant à la victoire ; le désir et l'espoir me rendent éloquent, et je n'ai pas besoin de certitude pour être audacieux. Qu'a donc d'humiliant un échec de ce genre ?

— Ah ! tu l'ignores ? Un refus de femme est pire que le soufflet d'un homme.

— Sot préjugé !

— Non ! La femme qui refuse se dit outragée par la prière.

— Fausse vertu ! Tout cela est embrouillé et cauteleux chez vous, je le vois bien. O vive la brûlante Italie !

— Tu méprisais pourtant ces anciennes idoles quand tu disais tantôt, sur le rempart : « Nos femmes aiment sans discernement, et vos sentiments, à vous, sont des idées ! »

— Je croyais marcher à la découverte de la perfection ; mais je vois avec chagrin que l'esprit étouffe le cœur. Je reviens tout repentant et tout contrit à mes souvenirs.

— Au fond, tu as peut-être raison ! dit Léonce en sortant d'une profonde rêverie. Cette absence de délicatesse vient de la richesse de votre organisation ; et je ne suis pas étonné que lady G... ait été entraînée par cet abandon d'une âme féconde après avoir vécu de subtilités glacées. Nous n'entendons peut-être rien à l'amour, et je reconnais que ce qui m'arrive est mérité. Mais il est trop tard pour en profiter : le charme est détruit, et tu as tout gâté, Teverino, en croyant me servir et m'éclairer.

— Ne dites pas cela, Léonce, vous n'en savez rien. La nuit porte conseil, et demain vous serez calme. Demain, à deux heures après midi, une grande révolution doit s'opérer entre nous tous. Attendez jusque-là pour juger de vous-même.

— Que veux-tu dire ?

— Rien, je veux dormir ! dit Teverino en éteignant la lumière ; chargez-vous de m'éveiller demain, car je suis paresseux au lit comme un cardinal.

Il parut bientôt profondément endormi, et Léonce, réduit à disputer avec lui-même, s'efforça en vain de l'imiter. Mais outre que son lit était fort mauvais, et que ces grabats d'auberge lui semblaient aussi fâcheux qu'ils paraissaient délectables à son compagnon, il demeura attentif, malgré lui, à tous les bruits extérieurs. Une vague inquiétude le dévorait. Il s'attendait toujours à voir passer sur le rideau de sa fenêtre, éclairé par la lune, l'ombre de Sabina, cherchant sur la galerie l'occasion de se réconcilier avec Teverino.

Il commençait enfin à s'assoupir, lorsque des pas furtifs firent craquer légèrement le plancher de la galerie et se perdirent peu à peu. Léonce resta immobile, l'oreille au guet, l'œil fixé sur Teverino, dont le lit faisait face au sien ; alors il vit distinctement le bohémien se lever, entr'ouvrir doucement la porte, s'assurer qu'une personne avait passé là, et s'approcher de son lit pour voir s'il dormait. Léonce feignit de dormir profondément, et de ne pas sentir la main que Teverino agitait devant ses yeux. Alors celui-ci s'habilla sans bruit et sortit avec précaution.

— Misérable ! tu m'as trompé, se dit Léonce. Eh bien ! je découvrirai ta ruse malgré toi, et je couvrirai de honte cette femme impudique.

Il se leva, s'habilla avec précaution et suivit les traces de l'imprudent marquis. La lune se couchait et la ville était silencieuse.

XI.

VADE RETRO, SATANAS.

Léonce avait fort bien noté dans sa mémoire de quel chiffre était marquée la porte de Sabina ; mais son trouble était si grand qu'il n'y fît plus attention, et s'arrêta devant la première porte ouverte qui se présenta devant lui. La petite chambre, dont il put voir l'intérieur en un clin d'œil, avait deux lits et était éclairée par une lampe. L'un de ces lits venait d'être abandonné : c'était celui de la négresse, le personnage mystérieux qui avait traversé la galerie. L'autre était une couchette sanglée, fort basse, où reposait tranquillement Madeleine. Teverino, debout dans la chambre, regardait avec inquiétude, et bientôt Léonce le vit s'arrêter devant le grabat de l'oiselière et la contempler attentivement. L'enfant dormait du sommeil des anges ; la lampe, placée sur une table, éclairait sa figure paisible et les traits agités du bohémien. La porte, retombant à demi, cachait Léonce, mais il pouvait tout observer.

— Madeleine? pensa-t-il, changeant de soupçon ; ah ! ce serait plus infâme encore, et je la sauverai. Pourquoi cette négresse de malheur l'abandonne-t-elle ainsi?

Il allait faire du bruit pour mettre le séducteur en fuite, lorsqu'il vit Teverino s'agenouiller devant la figure radieuse de l'enfant. Sa figure, à lui, avait changé d'expression : l'inquiétude était remplacée par un attendrissement profond et une sorte de religieux respect. Il resta quelques instants comme plongé dans de douces et secrètes pensées. On eût dit qu'il priait naïvement, et jamais sa beauté n'avait paru plus idéale. Au bout de quelques minutes, il se pencha, déposa un silencieux baiser sur le chapelet que la petite fille tenait encore dans sa main pendante au bord du lit. Elle s'était endormie en le récitant. Malgré les précautions du bohémien, elle s'éveilla à demi, et se croyant sans doute dans sa chaumière :

— Oh! mon bon ami, dit-elle d'une voix douce, est-ce qu'il fait déjà jour? est-ce que mon frère est rentré?

— Non, non, Madeleine, dors encore, mon ange, répondit Teverino. Je m'en vais au-devant de Joseph.

— Eh bien, allez, dit-elle d'une voix éteinte par le sommeil. Je me lèverai quand vous serez sorti. Et comme l'habitude lui mesurait ses heures de repos, elle se rendormit après avoir ainsi parlé sans en avoir conscience.

Teverino sortit et se trouva face à face avec Léonce, qui ne cherchait point à l'éviter. Une grande émotion le saisit tout à coup, et, se retournant brusquement, il prit la clef de la porte de Madeleine et l'arracha de la serrure, après l'y avoir fait tourner. Puis, prenant le bras du jeune homme : — Monsieur, dit-il d'une voix tremblante, vous n'aurez pas cette distraction. Allez, si bon vous semble, troubler le sommeil des grandes dames ; mais l'enfant de la montagne n'est pas destinée à vous servir de pis-aller.

— Si j'avais eu cette infernale pensée, répondit Léonce, dont le calme et l'air de loyauté rassurèrent vite le pénétrant vagabond, j'en serais bien honteux en ta présence, brave jeune homme! J'ai surpris le secret de ton cœur, et je connaissais celui de Madeleine. Mes préoccupations personnelles m'ont empêché jusqu'à présent de reconnaître en toi ce bon ami dont elle m'avait parlé, et je t'accusais d'un crime, lorsque tu obéissais à une paternelle sollicitude.

— Paternelle sollicitude! dit Teverino en s'éloignant avec Léonce de la chambre de l'oiselière. Oui, c'est le mot, le vrai mot, Léonce! En entendant marcher dans la galerie, j'ai craint quelque danger pour l'enfant sans défense et sans prévision du mal ; quelque ignoble valet, que sais-je, votre jockey à la mine effrontée!... Je réponds de Madeleine à ce brave contrebandier qui, depuis huit jours, me confie saintement la garde de sa sœur et de sa chaumière. O loyauté de l'âge d'or, tu t'es retrouvée au fond d'un désert entre un bohémien, un bandit et une jeune fille! Voilà Léonce, ce que le curé bourru appelle un état de péché mortel, et ce que votre noble lady ne comprendrait jamais, elle qui méprise tant la vie de misère et de désordre. Hélas! pourrait-elle comprendre le cœur de Madeleine! Cette sainte ingénuité qui ne sait pas seulement qu'elle est un trésor, et cette confiance sublime que Sabina elle-même, avec toute la puissance de son esprit et de sa beauté, n'a point ébranlée! N'admirez-vous pas, Léonce, le calme et la discrétion de cette enfant qui s'est contentée d'un mot, lorsqu'elle m'a vu déguisé, et qui n'a troublé par aucun accès de folle jalousie mon rôle de flatteur auprès de votre maîtresse? Ah! si vous aviez entendu ses questions naïves, lorsqu'elle était avec moi sur le siège de la voiture et ses réponses pleines de grandeur et de bonté, lorsque je lui demandais si, de son côté, elle ne s'exposait pas à vous trouver trop aimable et trop beau! Nos amours diffèrent bien des vôtres, ami ; nous ne nous soupçonnons point, nous savons que nous ne pourrions pas nous tromper. Et faut-il que je vous le confesse? L'oiselière me paraît plus charmante et plus désirable depuis que j'ai respiré le parfum d'une grande dame. Mais où sera donc allée cette maudite négresse, qui laisse sa porte ouverte comme si nous étions ici dans un couvent de chartreux? Je gage que si milady lui avait confié la garde d'un petit chien, elle en aurait pris plus de soin que de l'honneur de cette jeune fille!

Où avait été la négresse, en effet? Nous ne voulons pas supposer qu'elle eût un rendez-vous avec le jockey de Léonce. Peut-être Sabina, tourmentée par l'insomnie, l'avait-elle sonnée ; peut-être encore était-elle somnambule. Tout ce que nous savons sur cette partie peu intéressante de notre roman, c'est que lorsqu'elle tentait de regagner la porte de sa chambre, qu'elle ne s'attendait pas à trouver fermée, et ne sachant point lire les chiffres, elle alla pousser celle qui lui offrit le moins de résistance, et promena ses mains noires sur la face du curé pour savoir si c'était la lampe qu'elle avait laissée allumée près de son lit. Le nez du saint homme, un peu animé par le vin de Chypre, put lui faire l'illusion d'un bec de lampe qui vient de s'éteindre et fume encore. Dans la crainte de se brûler, elle laissa échapper une exclamation à laquelle répondit un rugissement d'épouvante, car le curé s'était réveillé en sursaut ; et, voyant devant lui cette sombre figure coiffée de linge blanc, qui se dessinait sur le clair de la porte ouverte, il se crut sérieusement attaqué par le diable et lança contre lui son bréviaire, en fulminant tous les exorcismes qui lui vinrent à l'esprit.

Aux clameurs du bonhomme, Léonce et Teverino accoururent et préservèrent la négresse, qui avait perdu la tête et ne savait plus par où s'enfuir pour éviter le chandelier du curé roulant à grand bruit à travers la chambre. Tout s'expliqua. La tremblante Lélé motiva comme elle le voulut sa promenade nocturne ; Teverino la menaça de la dénoncer à milady, si elle ne se tenait pas coite dans sa chambre, où il retourna l'emprisonner, et le curé, enchanté d'avoir échappé aux griffes de Satan, reprit son vertueux somme jusqu'au grand jour.

XII.

LE CALME.

Sabina n'avait pas mieux dormi que ses compagnons de voyage. La prédiction de Léonce s'était réalisée plus qu'il ne l'avait prévu, car lorsqu'il avait parlé au hasard, il n'avait songé qu'à l'amuser et à l'agiter un peu par l'attente de quelque aventure sur laquelle il ne comptait guère. La pauvre jeune femme, inquiète et affligée, ne se lassait point de repasser dans son esprit les étranges incidents de la journée. D'abord les bizarreries de Léonce, la violente et amère déclaration d'amour qu'il lui avait faite dans le bois, et l'attendrissement subit de leur réconciliation. Puis son soudain dépit lorsqu'elle avait voulu s'en tenir à l'ancienne amitié, sa disparition de deux heures dans les montagnes, son retour avec cet inconnu rempli de prestiges et de singularités, qui d'abord lui avait paru le plus noblement passionné, puis tout à coup le plus prosaïquement frivole des hommes ; tantôt épris d'elle jusqu'à l'adoration, tantôt indifférent et désintéressé jusqu'à l'implorer pour un autre : tantôt le modèle et la fleur des gentilshommes, et tantôt le vrai type de l'histrion des carrefours, passant d'une discussion pédantesque avec le curé à de divines inspirations musicales, et d'un équivoque chuchotement avec l'oiselière à

A l'aspect de ce triste personnage. (Page 35.)

une conversation générale pleine d'élévation, de philosophie et d'enthousiasme poétique. Toutes ces alternatives avaient confondu le jugement et brisé enfin le cœur de Sabina. Toutes ces scènes, tous ces entretiens lui apparaissaient à travers le mouvement rapide de la voiture qu'elle croyait sentir encore, et les changements de décoration des montagnes, qu'elle voyait passer devant ses yeux fermés. Elle ne distinguait plus l'illusion de la réalité, et lorsqu'elle commençait à s'assoupir un instant, elle se réveillait en sursaut, croyant sentir le baiser de Teverino sur ses lèvres, au sommet de la tour. Des applaudissements moqueurs et des rires de mépris frappaient son oreille, la tour s'écroulait avec fracas, et elle se trouvait dans une rue fangeuse, au bras du saltimbanque, en face de Léonce, qui leur jetait l'aumône de sa pitié en détournant la tête.

La négresse, chargée de l'éveiller de bonne heure, la trouva assise sur son lit, l'œil terne et le sein oppressé. Elle lui présenta le burnous de cachemire blanc qui lui servait de robe de chambre à la villa, du linge frais et parfumé, son riche nécessaire de toilette, enfin presque toutes les recherches accoutumées. Elle s'en servit machinalement d'abord; puis, revenue à la réflexion, elle demanda à Lélé qui donc avait eu toutes ces prévoyances délicates. Sur la réponse de Lélé, que Léonce avait fait faire ces préparatifs minutieux, elle ne put douter de l'intention qu'il avait eue, en partant, de prolonger leur promenade jusqu'au lendemain, et, tout en se laissant coiffer et habiller, elle se perdit dans mille rêveries nouvelles.

A la manière dont Teverino s'était conduit la veille, il n'était que trop certain pour elle qu'il ne l'aimait point. Après ces flatteries passionnées et ce fatal baiser, comment, au lieu d'être recueilli et agité le reste de la soirée, avait-il pu jouer une scène burlesque? Et lorsqu'il s'était retrouvé seul avec la femme à demi-vaincue, comment, au lieu de lui témoigner ce repentir hypocrite qui demande davantage, et qu'une orgueilleuse beauté attend pour se défendre ou pour céder, avait-il pu lui tenir tête dans une espèce de dispute philosophique, et enfin lui parler de l'amour de Léonce au lieu du sien propre? Sabina était profondément humiliée : elle avait hâte de se montrer, afin de reprendre ses airs de hauteur ironique et le calme menteur de sa prétendue invulnérabilité. Mais

Il se crut sérieusement attaqué par le diable. (Page 39.)

alors, si le marquis était impertinent et dangereux, quel autre appui que celui de Léonce pouvait-elle espérer?

Une douce et légitime habitude la ramenait donc vers ce défenseur naturel, et, certaine de la générosité de son ami, elle se demandait avec effroi comment elle avait pu être assez injuste et assez légère pour s'exposer à en avoir besoin. Lorsqu'elle comparait ces deux hommes, l'un rempli de séductions et de problèmes, l'autre rigide et sûr; un inconnu et un ami éprouvé; celui-ci qu'un baiser d'elle eût à jamais enchaîné à ses pas, celui-là qui l'acceptait en passant, comme une aventure toute simple, et ne s'en souvenait plus au bout d'une heure : elle s'accusait et rougissait jusqu'au fond de l'âme.

Léonce s'attendait à la voir irritée contre lui; il la trouva pâle, triste et désarmée. Lorsqu'il s'approcha pour lui baiser la main comme à l'ordinaire, il aperçut une larme au bord de ses cils noirs, et, à son tour, il fut involontairement ému.

— Vous êtes souffrante? dit-il; vous avez passé une mauvaise nuit?

— Vous me l'aviez prédit, Léonce, et j'ai à vous rendre compte de ces émotions terribles dont je ne dois jamais perdre le souvenir. Faites en sorte, je vous prie, que je puisse tranquillement causer avec vous aujourd'hui, et ne me quittez pas, comme vous l'avez fait si cruellement hier à diverses reprises.

Léonce n'eut pas le courage de lui répondre qu'il avait cru lui plaire en agissant ainsi. Il voyait trop que Sabina n'avait ni l'envie ni le pouvoir de se justifier.

A son tour, il se demanda s'il n'était pas le seul coupable; et, plein de mélancolie et d'incertitudes, il alla présider aux préparatifs du départ.

Heureusement le curé égaya le déjeuner par le récit de la terrible aventure qui l'avait mis aux prises avec Satan. Le marquis eut beaucoup d'esprit, Léonce fut préoccupé, et Sabina lui en sut gré. Il lui semblait que Teverino avait l'insolence d'un amant heureux, et elle le haïssait. Pourtant rien n'était plus éloigné de la pensée du bohémien; il faisait bien meilleur marché de la faute de lady G... qu'elle-même; il trouvait le péché si véniel, et il avait à cet égard une philosophie si tolérante, qu'il était peu disposé à en tirer gloire. Cela venait de ce qu'il avait moins de respect, dans un certain sens, que Léonce pour la vertu des femmes, et plus de confiance en même temps dans leur mérite moral. Pour un instant de faiblesse, il ne les condamnait pas à n'être pas capables d'un attachement réel et durable. Son code de vertu était moins élevé, mais plus humain. Il ne mettait pas son idéal dans la force, mais, au contraire, dans la tendresse et le pardon.

Ce ne fut qu'au moment de monter en voiture que Sabina s'aperçut de l'absence de Madeleine.

— La petite fille est partie pour ses montagnes à la pointe du jour, lui dit Teverino; elle a craint que son frère ne fût inquiet d'elle, à l'heure où il rentre ordinairement, et elle a pris sa course à vol d'oiseau à travers les monts, escortée de ses bestioles, que j'ai vues de mes yeux voltiger à sa rencontre, aux portes de la ville; car j'ai voulu l'escorter jusque-là, de peur qu'elle ne fût assaillie et arrêtée par les enfants, avides de voir ce qu'ils appellent ses tours de sorcellerie.

— Le marquis est le meilleur d'entre nous, dit Léonce: tandis que nous avions oublié notre petite compagne de voyage, il se levait le premier pour protéger sa retraite.

— Vous appelez cela *protéger*! dit Sabina en anglais, avec un air d'amertume.

— Ne calomniez pas Teverino, lui répondit Léonce, vous ne le connaissez pas encore.

— Ne m'avez-vous pas dit hier que vous ne le connaissiez plus?

— Ah! je l'ai retrouvé, et désormais, Sabina, je puis vous répondre de lui.

— Réellement? c'est un homme d'honneur?

— Oui, Madame, c'est un homme de cœur, quoique sa fortune ne soit pas brillante.

— Sa famille est pauvre, ou il s'est ruiné?

— Qu'importe l'un ou l'autre?

— Il importe beaucoup. Je respecte la pauvreté d'un gentilhomme, mais j'ai mauvaise opinion d'un noble qui a mangé son patrimoine.

— En ce cas, vous pouvez me mépriser, car je suis fort en train de manger le mien.

— Vous en avez le droit, et je sais que vous le faites d'une manière noble et libérale. Cela ne risque point de vous entraîner aux humiliations de la misère: votre talent comme artiste vous assure un brillant avenir.

— Et si j'étais un artiste capricieux, inconstant, et d'autant plus sujet aux accès de paresse et de langueur que l'idée de travailler pour de l'argent glacerait mes inspirations? Les grands, les vrais artistes pourtant; et vous-même, ne me reprochiez-vous pas hier d'être né dans un milieu où le succès est facile à établir et la lutte peu méritoire?

— Ne me rappelez rien d'hier, Léonce, je voudrais pouvoir arracher cette page-là du livre de ma vie.

On avait franchi rapidement le plateau où la ville est située. Pour regagner la frontière, il fallait remonter au pas le colimaçon escarpé que Teverino avait descendu la veille avec tant d'audace et de sécurité. Il y en avait au moins pour une heure. Tout le monde avait mis pied à terre, excepté Sabina, qui pria Léonce de rester auprès d'elle dans le fond du wurst. Le jockey se tint à portée des chevaux, la négresse folâtrait le long des fossés, poursuivant les papillons avec une certaine grâce sauvage qui faisait ressortir la finesse et la force de ses formes voluptueuses. Le curé, qui avait décidément horreur de cette maurcaude, de ce lucifer en cotillons, comme il l'appelait, marchait devant avec Teverino. Celui-ci avait résolu de le réconcilier avec le bon ami de Madeleine, ce vagabond que le bonhomme n'avait jamais vu, mais qu'il se promettait de faire *pincer* par les gendarmes à la première occasion. Sans lui parler de cet inconnu, le marquis, prévoyant le moment où il lui faudrait peut-être lever le masque, se fit connaître lui-même sous ses meilleurs aspects, et s'attacha à capter la bienveillance et la confiance du bourru. Ce ne fut pas difficile, car le bourru était au fond le meilleur des hommes, quand on ne contrariait pas ses idées religieuses ni ses habitudes de bien-être.

— Écoutez, Léonce, dit Sabina, après avoir rêvé quelques instants, j'ai une confession étrange à vous faire, et si vous me jugez coupable, j'aurai à me disculper à vos dépens; car vous êtes la cause de tout le mal que j'ai subi, et vous semblez avoir prémédité ma souffrance. Vous avez donc de si grands torts envers moi, que je me sens la force d'avouer les miens.

— Dois-je vous sauver cette honte? répondit Léonce en lui prenant la main; partagé entre la pitié dédaigneuse et l'intérêt fraternel. Oui, c'est le devoir d'un ami, en même temps que son droit. Vous n'avez pu voir impunément mon marquis, vous avez senti sa puissance invincible, vous avez renié toutes vos théories fanfaronnes, vous l'aimez enfin!

Une rougeur brûlante couvrit les joues de Sabina, et elle fit un geste de mépris; mais elle dit après un effort sur elle-même: — Et si cela était, me blâmeriez-vous? Parlez franchement, Léonce, ne m'épargnez pas.

— Je ne vous blâmerais nullement; mais j'essaierais de vous mettre en garde contre cette naissante passion. Teverino n'en est point indigne, j'en fais le serment devant Dieu, qui sait toutes choses et les juge autrement que nous. Mais il y a, entre cet homme et vous, des obstacles que vous ne pourriez ni ne voudriez surmonter, pauvre femme! Une vie de hasards, de revers, de bizarreries inexplicables enchaîne Teverino dans une sphère où vous ne sauriez le suivre. Un lien entre vous serait déplorable pour tous deux.

— Vous répondez à ce que je ne vous demande pas. Que m'importe l'avenir, que m'importe la destinée de cet homme?

— Ah! comme vous l'aimez! s'écria Léonce avec amertume.

— Oui, je l'aime en effet beaucoup! répondit-elle avec un rire glacé. Vous êtes fou, Léonce. Cet homme m'est complétement indifférent.

— Alors que me demandez-vous donc? Vous jouez-vous de ma bonne foi?

— A Dieu ne plaise! Je vous ai demandé si cet amour vous semblerait coupable, au cas qu'il fût possible.

— Coupable, non; car je conviens que le coupable ce serait moi.

— Et il ne m'ôterait rien de votre amitié?

— De mon amitié, non; mais de mon respect...

— Dites tout. Pourquoi votre respect se changerait-il en pitié?

— Parce que vous n'auriez pas été franche avec moi dans le passé. Quoi! tant d'orgueil, de froideur, de dédain pour les femmes faibles, de railleries pour les chutes soudaines, pour les entraînements aveugles; et tout à coup vous vous dévoileriez comme la plus faible et la plus aveugle de toutes? Vous vous seriez garantie pendant des années d'un amour vrai et profond, pour céder en un instant à un prestige passager? Votre caractère perdrait dans cette épreuve toute son originalité, toute sa grandeur.

— Comme vous êtes peu d'accord avec vous-même, Léonce! Hier vous faisiez une guerre acharnée, féroce, à cet odieux caractère; vous le taxiez d'égoïsme et de froide barbarie. Vous étiez prêt à me haïr de ce que je n'avais jamais aimé.

— Alors vous vous êtes piquée d'honneur, et vous avez voulu faire voir de quoi vous étiez capable!

— Soyez calme et généreux: ne me supposez pas la lâcheté de m'être tracé un rôle et d'avoir tranquillement résolu de vous faire souffrir.

— Souffrir, moi? Pourquoi aurais-je donc souffert?

— Parce que vous m'aimiez hier, Léonce. Oui, vous me parliez d'amour en me témoignant de la haine; vous m'imploriez en me repoussant. Je sais que vous en êtes humilié aujourd'hui; je sais qu'aujourd'hui vous ne m'aimez plus.

— Eh bien, dit Léonce tristement, voilà ce qui s'appelle lire dans les cœurs. Mais il vous est, je suppose, aussi indifférent de me voir guéri aujourd'hui, qu'il vous l'était hier de me savoir malade?

— Connaissez donc toute la perversité de mon instinct. Je n'étais pas plus indifférente hier que je ne le suis aujourd'hui. J'avais presque accepté votre amour hier en le repoussant, et aujourd'hui, tout en ayant l'air de l'implorer, j'y renonce.

— Vous faites bien, Sabina, ce serait un grand malheur pour tous deux qu'il pût persister après ce que j'ai vu et ce que je sais.

— Et pourtant vous n'avez pas tout vu, et je veux que vous sachiez tout. Hier, au sommet de la tour, j'ai été attendrie jusqu'aux larmes par la voix de cet Italien; un vertige m'a saisie, j'ai senti ses lèvres sur les miennes, et si je ne vous eusse entendu revenir, je n'aurais peut-être pas détourné la tête.

— Il vous est facile de vous confesser à qui n'a rien perdu de cette scène pittoresque. J'ai cru voir Françoise de Rimini recevant le premier baiser de Lanciotto! Vous étiez fort belle.

— Eh bien, Léonce, pourquoi ce frisson, ce regard courroucé et cette voix tremblante? Que vous importe aujourd'hui, puisque, pour cette faute, vous ne m'aimez plus? puisque vous me méprisez au point de vouloir m'ôter le mérite de la confiance et du repentir?

— On ne se repent pas quand on se confesse avec tant d'audace.

— Eh bien, que ce soit de l'audace si vous voulez, je ne me pique pas du contraire, et ce n'est pas le pardon d'un amant que je demande, c'est l'absolution de l'amitié. Tenez, Léonce, l'humiliante expérience que j'ai faite hier à mes dépens, m'a fait changer de sentiments sur l'amour et d'opinion sur moi-même. Je rêvais quelque chose d'inouï et de sublime; j'y croyais encore; je vous supposais à peine digne de me guider à la découverte de cet idéal. Maintenant j'ai reconnu le néant de mes songes et l'infirmité honteuse de la nature humaine. Un œil de feu, de flatteuses paroles, une belle voix, la fatigue et l'émotion d'une journée d'aventures, l'enivrement d'une belle nuit, d'un beau site, et, par-dessus tout, un méchant instinct de dépit contre vous, m'ont rendue aussi faible à un moment donné, que j'avais été forte et invincible durant plusieurs années passées dans le monde. Un trouble incorcevable a pesé sur moi, un nuage a couvert mes yeux, un bourdonnement a rempli mes oreilles. J'ai senti que moi aussi j'étais un être passif, dominé, entraîné, une femme, un mot! Et dès lors tout mon échafaudage d'orgueil s'est écroulé; j'ai pleuré la foi que j'avais en moi-même, et, me sentant ainsi déchue et désillusionnée sur mon propre compte, j'ai cru, du moins, pouvoir remercier Dieu d'avoir placé près de moi un ami généreux, qui, après m'avoir préservée d'une chute complète, me consolerait dans ma douleur. Me suis-je donc trompée, Léonce, et n'essaierez-vous pas de fermer cette blessure qui saigne au fond de mon cœur? Faudra-t-il que je pleure dans la solitude, et que je sois foudroyée à toute heure par le cri de ma conscience? Et si ce désespoir achève de me briser, si ma première chute me place sur une pente fatale, si je dois encore subir de si misérables tentations et sentir la gravité de ces dangers que j'ai tant méprisés, n'aurai-je personne pour me tendre la main et me protéger? Sera-ce mon mari, cet Anglais flegmatique et intempérant qui ne sait pas préserver sa raison de l'attrait du vin, et qui ne conçoit pas qu'on cède à celui de l'amour? Seront-ce mes adorateurs perfides, ces gens du monde, impitoyables et dépravés, qui ne reculent devant aucun mensonge pour séduire une femme, et qui la méprisent dès qu'elle écoute les mensonges d'un autre? Dites, où faudra-t-il que je me réfugie désormais, si le seul homme à l'amitié duquel je peux livrer le secret de ma rougeur me repousse et me dit froidement: « De la pitié, oui; mais du respect, non! »

Sabina avait parlé avec énergie; ses joues étaient d'une pâleur mortelle que faisaient ressortir de légers points brûlants sur ses pommettes délicates. Elle avait réellement la fièvre, et la brise du matin, qui soulevait sa magnifique chevelure, lui donnait un aspect inaccoutumé de désordre et d'émotion violente. Léonce la trouva plus belle que jamais; il saisit sa main, et la sentant réellement agitée d'un frisson glacé, il la porta à ses lèvres pour la ranimer. Un torrent de larmes brisa la poitrine de Sabina; et, se penchant sur l'épaule de son ami, elle fut reçue dans ses bras qui la serrèrent passionnément.

Léonce garda le silence; il lui était impossible de dire un mot. Les préjugés de son orgueil luttaient contre l'élan de son cœur. S'il ne se fût agi en réalité que du pardon de l'amitié, rien ne lui eût été plus facile que de prodiguer de tendres consolations; mais Léonce était amoureux, amoureux fou peut-être, il éprouvait trop longtemps pour que les devoirs de l'amitié pussent se présenter à son esprit. Il était aux prises avec une passion bien autrement exigeante et jalouse, et il souffrait de véritables tortures en songeant qu'à deux pas de lui se trouvait un homme qui avait réussi, en un instant, à bouleverser ce cœur fermé pour lui depuis des années. Malgré ce combat intérieur, Léonce était vaincu sans se l'avouer; car il était né généreux, et de plus, il éprouvait le sentiment qui devient en nous le plus généreux de tous, quand nous réussissons à dégager sa divine essence des souillures de l'égoïsme et de la vanité.

— Ne m'interrogez pas, dit-il à Sabina; et moi aussi, je souffre... mais restez ainsi près de mon cœur, et tâchons d'oublier, tous les deux!

Il la retint dans ses bras, et elle éprouva bientôt la douceur de ce fluide magnétique qui émane d'un cœur ami, et qui a plus d'éloquence que toutes les paroles. Tous deux respiraient plus librement, et comme les yeux de Sabina se fermaient pour savourer cette pure ivresse, il lui dit en l'attirant plus près de lui: « Dormez, chère malade, reposez-vous de vos fatigues. » Elle céda instinctivement à cette invitation, et bientôt un sommeil bienfaisant, doucement bercé par la marche lente de la voiture et la sollicitude de son ami, répara ses forces et ramena sur ses joues le pâle coloris uniforme, qui est la fraîcheur des brunes.

XIII.

HALTE!

Sabina ne s'éveilla qu'à la cabane du douanier; mais, avant qu'elle eût songé à se dégager de la longue et silencieuse étreinte de Léonce, le regard perçant de Teverino avait surpris le chaste mystère de cette réconciliation. Léonce vit son sourire amical, et, comme il essayait de n'y répondre qu'avec réserve, le bohémien, lui montrant le ciel, et reprenant le récitatif de *Tancredi*, qu'il avait entonné la veille au même endroit, il chanta ce seul mot, où, en trois notes, Rossini a su concentrer tant de douleur et de tendresse: *Amenaïde!*

Teverino y mit un accent si profond et si vrai, que Léonce lui dit, en descendant de voiture pour parler au douanier: — Il suffirait de t'entendre prononcer ainsi ce nom et chanter ces trois notes pour reconnaître que tu es un grand chanteur, et que tu comprends la musique comme un maître.

— Je comprends l'amour encore mieux que la musique, répondit Teverino, et je vois avec plaisir que tu commences à en faire autant. Crois-moi, quand l'amour parle à ton cœur, élève ton cœur vers Dieu qui est tout mansuétude et toute bonté. Tu sentiras alors ce cœur blessé redevenir calme et naïf comme celui d'un petit enfant.

— Vous allez donc encore nous conduire? dit le curé en voyant Teverino monter sur le siége. Serez-vous plus sage qu'hier, au moins?

— Êtes-vous donc mécontent de moi, cher abbé? vous est-il arrivé le moindre accident? D'ailleurs, n'allez-vous pas vous placer près de moi pour modérer ma fougue si je m'emporte?

— Allons, vous faites de moi tout ce que vous voulez, et si Barbe voyait comme vous me menez jusqu'au bout du nez, elle en serait jalouse et réclamerait son monopole. Le fait est que je commence à m'habituer à vos folies, et que je ne peux plus dire que vous ne soyez un aimable compagnon. Allons, fouette, cocher! pourvu que nous retournions tout de bon à Sainte-Apollinaire aujourd'hui, et que nous ne repassions pas par ce maudit torrent, qui semble vouloir à chaque instant emporter le pont et ceux qui y passent!...

— Si nous évitons le torrent, nous prenons le plus long, cher abbé; moi, je ne demande pas mieux!

— Va pour le plus long! dit le curé qui avait enfoncé son grand chapeau sur ses yeux d'une façon mutine. *Chi va piano, va sano;* une heure de plus ou de moins en voyage, ce n'est pas une affaire : *chi va sano, va bene.*

On prit un autre chemin, et Sabina demanda à Léonce si l'on retournait bien réellement à la villa.

— Je l'espère, répondit-il, et pourtant je n'en sais trop rien. Je dois avouer que toute ma force magnétique m'a abandonné depuis qu'elle a passé dans le marquis, et que lui seul est désormais notre boussole.

— Alors, j'entre en révolte ouverte; je ne veux être dirigée que par vous.

— J'entends, Signora, dit Teverino; prenez que je ne suis que le gouvernail, et que j'obéis à la main de Léonce. C'est M. le curé qui est la boussole, son regard est toujours fixé vers le pôle, et l'étoile, c'est dame Barbe, sa vénérable gouvernante.

— Bien dit, bien dit! s'écria le curé en riant de tout son cœur.

La route fut longue, mais belle. Teverino conduisait sagement et s'arrêtait à chaque site remarquable pour le faire admirer à ses compagnons. Son air d'enjouement et de bonté, et ses manières respectueuses avec Sabina, la rassurèrent peu à peu. Il semblait qu'il fût jaloux de lui faire oublier un moment de faiblesse. Elle lui en sut gré; mais elle n'eut de regards tendres et de paroles gracieuses que pour Léonce.

Cependant, la chaleur commençant à se faire sentir, elle se rendormit, tandis que Léonce, avec une sollicitude persévérante, tenait l'ombrelle au-dessus de sa tête. Lorsqu'elle se réveilla, elle se vit avec surprise au milieu d'un cloître gothique.

La voiture était arrêtée dans une grande cour, sur un gazon touffu et auprès d'une fontaine jaillissante. D'antiques constructions, d'une élégance bizarre, entouraient cette partie avancée du monastère. A travers les arcades aiguës, on découvrait, d'un côté, les perspectives profondes d'une vallée charmante; de l'autre, on voyait s'élever, bien au-dessus des aiguilles dentelées de l'architecture, les pics arides et menaçants de la montagne. En face, une large grille fermait la seconde enceinte du couvent, et laissait apercevoir, autour d'un préau rempli de fleurs, des bâtiments plus modernes, mieux entretenus, et chargés d'ornements dans le goût du seizième siècle. Le curé, la face collée à cette grille, ébranlait d'une main vigoureuse la cloche au timbre sonore, et des figures de moines accourant au bruit, paraissaient dans le clair-obscur d'une seconde porte voûtée, ouvrant sur une troisième enceinte.

— N'est-ce pas, Milady, dit Teverino, que vous ne m'en voudrez pas de vous avoir amenée chez ces bons pères? Ceci est le couvent de Notre-Dame-du-Refuge, et notre cher abbé pense qu'un peu de repos et de rafraîchissement embellirait cette halte poétique. Nous allons faire demander au prieur la permission de vous introduire au cœur du sanctuaire, et, pour l'obtenir, nous vous ferons passer pour une vieille Irlandaise, ultra-catholique. Baissez donc votre voile, et gardez qu'on ne voie vos traits et votre taille avant que la grille soit ouverte.

— Ces bons moines sont plus fins que toi, dit Léonce, et voici déjà le frère-portier qui vient regarder de près notre jeune et belle voyageuse.

Après avoir parlementé, les moines consentirent à admettre les femmes dans le préau, mais pas plus loin; et, alors, avec beaucoup de grâce et d'affabilité, ils firent dételer les chevaux et conduisirent les voyageurs dans une salle bien fraîche et pittoresquement décorée, où une friande collation leur fut servie.

Là s'établit un feu roulant de questions où la naïve curiosité de ces saints oisifs embarrassa plus d'une fois la prudence du curé. Il lui fallut se prêter aux mensonges de Teverino, qui fit hardiment passer Léonce pour lord G..., le mari de Sabina, et qui assura qu'on venait en droite ligne de Sainte-Apollinaire, où M. le curé avait dit sa messe le matin avant de se mettre en route. Le prieur s'étonna que lord G... n'eût point l'accent anglais, et que la voiture fût arrivée par les plateaux de la montagne au lieu de venir par le fond de la vallée. Teverino eut réponse à tout, et, pour faire cesser ces questions, il entreprit d'en assaillir ses hôtes, et de les occuper par l'éloge de leur couvent, de leur bonne mine, et de leur opulente hospitalité. Après le repas, il demanda, pour les hommes au moins, la permission de visiter l'église et les cloîtres intérieurs, et, de cette façon, il procura à Léonce un nouveau et paisible tête-à-tête avec Sabina, que ce dernier ne voulut pas laisser seule. « Ce sont de nouveaux mariés, dit Teverino tout bas au prieur; vous avez ici des moines qui m'ont l'air de fort beaux jeunes gens. Mylord est jaloux, même d'un regard innocent et respectueux lancé sur sa noble épouse. » Tout moine aime les petits secrets et les délicates confidences. Malgré ce que celle-ci avait de mondain, le bon père sourit, et salua d'un air malin le prétendu lord G..., en l'invitant à cueillir des fleurs pour milady.

Léonce et sa compagne, après avoir admiré la vigueur des plantes cultivées avec tant d'amour et de science dans le préau, retournèrent dans la première cour, dont les bâtiments délabrés et les grandes herbes abandonnées avaient plus de caractère et de poésie. Ce lieu était complètement désert, et ses antiques constructions, ouvertes sur le paysage, ne servaient plus que de hangars et de celliers. La mule du prieur, blanchie par l'âge, paissait d'un air mélancolique, et le roucoulement des pigeons sur les toits couverts de mousse interrompait seul, avec le murmure uniforme de la fontaine et le tintement de l'horloge qui annonçait minutieusement chaque parcelle du temps écoulé, le silence de cette demeure où le temps n'avait pas d'emploi véritable et où la vie semblait s'être arrêtée.

Sabina, assise sur un banc auprès de la fontaine de marbre noir, ressemblait à la statue de la Mélancolie. Une révolution complète s'était opérée depuis le matin dans les manières, l'attitude et l'expression de cette belle personne, et Léonce, en la contemplant, sentait que tout était changé entre elle et lui. Ce n'était plus la dédaigneuse beauté, sceptique à l'endroit de l'amour réel, fièrement exaltée à l'idée de je ne sais quel amour idéal et impossible, auquel nul mortel ne lui semblait digne d'être associé dans ses rêves. Cette force de caractère, cette tension pénible de la volonté, qui avaient tant effrayé et tant irrité Léonce, avaient fait place à une molle langueur, à une tristesse touchante, à une rêverie profonde, à un ensemble de manières tendres et douces, dont lui seul était l'objet. C'était une femme timide, tremblante et brisée, et pour la première fois elle avait pour lui un attrait que ne glaçaient plus la méfiance et la peur. Assis tout à l'aise auprès d'elle, il pouvait parler et respirer sans craindre ces piquantes et spirituelles railleries qui, en éveillant son esprit, tenaient son cœur en garde contre elle et contre lui-même. Il n'avait plus besoin d'affecter, comme la veille, ce rôle de docteur et de pédagogue mystérieux, plaisanterie froide et forcée qui avait caché tant d'émotion et de dépit. Il était désormais pour elle un véritable protecteur, un médecin de l'âme, presque un maître ; et là où l'homme sent qu'il dirige et domine, il est capable de tout pardonner, même l'infidélité qui a fait saigner son amour-propre.

Il s'assit aux pieds de sa docile pénitente, et après un long silence où il se plut peut-être à prolonger son inquiétude et sa timidité, il lui demanda si son affection, à elle, ne serait pas diminuée par cette pénible confidence qu'elle avait osé lui faire.

— Peut-être, lui dit-elle, si je voyais en vous autre chose qu'un amant qui me quitte et un ami qui m'est rendu. Mais si l'ami me guérit des blessures que je me suis faites, je verrai avec joie l'amant disparaître pour jamais. De cette façon ma fierté ne peut pas souffrir; car si l'amour est orgueilleux et susceptible, si son pardon

Il était seul et marchait lentement. (Page 46.)

est humiliant et inacceptable; celui de l'amitié est le plus saint et le plus doux des bienfaits. Ah! voyez, mon cher Léonce, combien ce sentiment divin est plus pur et plus précieux que l'autre! comme, au lieu d'amoindrir et de torturer, il ennoblit et purifie! Hier, je n'eusse accepté de vous ni secours ni pitié. Aujourd'hui je ne rougirais pas de vous les demander à genoux.

— Eh bien, mon amie, vous n'êtes pas encore dans le vrai; vous avez passé d'un excès à l'autre. Hier, vous méprisiez trop l'amitié; aujourd'hui, vous l'exaltez sans mesure. Vous ne pouvez perdre la fausse notion que vous vous êtes faites si longtemps de ces deux sentiments, et vous voulez toujours les rendre exclusifs l'un de l'autre; pourtant l'union des sexes n'est vraiment idéale et parfaite que lorsqu'ils se réunissent dans deux nobles cœurs. Qu'est-ce donc qu'un amour vrai, si ce n'est une amitié exaltée? Oui, l'amour, c'est l'amitié portée jusqu'à l'enthousiasme. On dit que l'amour seul est aveugle! Là où l'amitié est clairvoyante, elle est si froide, qu'elle est bien près de mourir. Croyez-moi, si votre faute me semblait grave et impardonnable, si un instant de trouble et de défaillance vous rendait, à mes yeux, indigne de connaître et de ressentir l'amour, je ne serais pas votre ami, et vous devriez repousser mes consolations au lieu de les accepter. Dans la jeunesse, on n'aime pas la femme qu'on ne désire plus et qu'on voit sans jalousie dans les bras d'un autre. Le mot d'amitié est alors un mensonge, et Dieu me préserve de vous dire que je vous aime ainsi! Oh! laissez-moi vous confesser que je souffre mortellement de ce qui s'est passé hier, et que je suis irrité contre vous jusqu'à être encore en ce moment plus près de la haine que de l'amitié telle que vous la définissez. Ce n'est pas déchue et méprisable que je vous trouve, c'est injuste, cruelle, coupable envers moi seul, qui vous aime, et qui méritais le bonheur que vous avez donné à un autre.

— Vous m'effrayez davantage de ma faute, dit Sabina tremblante. Croyez-vous donc que cette pensée ne me soit pas venue, et que je ne me reproche pas de vous avoir fait ce mal personnel? C'est à Dieu que je m'en confesse.

— Et pourquoi n'est-ce pas à moi aussi, à moi surtout? s'écria Léonce en saisissant avec force ses deux mains agitées. Dieu vous a déjà pardonné; vous le savez bien;

mais moi, vous ne voulez donc pas que je vous pardonne comme ami et comme amant?

— Épargnez-moi cette souffrance, dit Sabina en voyant son orgueil réduit aux abois. Lisez dans mon cœur, et comprenez donc quel est son plus grand motif de douleur.

— Eh bien, humilie-toi jusque-là, reprit Léonce exalté, puisque c'est la plus grande preuve d'amour qu'une femme telle que toi puisse donner. Dis-moi que tu as péché envers moi; lève vers le ciel ta tête altière, et brave-le si tu veux; peu m'importe. Je n'ai pas mission de te menacer de sa colère; mais je sais que tu m'as brisé le cœur, et que tu me dois d'en convenir. Si tu ne te repens pas de ce crime, c'est que tu ne veux pas le réparer.

— Eh bien, pardonne-le-moi, Léonce, et pour me le prouver, efface à jamais la trace de cet odieux baiser.

— Il n'y est plus, il n'y a jamais été! s'écria Léonce en la pressant contre son cœur; et à présent, dit-il en retombant à ses pieds, marche sur moi si tu veux, je suis ton esclave; et qu'un fer rouge brûle mes lèvres s'il en sort jamais un reproche, une allusion à tout autre baiser que le mien!

En ce moment, l'horloge du couvent sonna deux heures, et la porte du préau s'ouvrit pour laisser sortir un jeune frère vêtu de l'habit blanc des novices.

Il était seul et marchait lentement, la tête baissée sous son capuchon, les mains croisées sur sa poitrine, et comme plongé dans un modeste recueillement.

Léonce et Sabina se levèrent pour aller à sa rencontre, et s'inclina jusqu'à terre pour leur témoigner son respect et son humilité. Mais tout à coup, se relevant de toute sa grande taille, et jetant son capuchon en arrière, il leur montra, au lieu d'une tête rasée, la belle chevelure noire et la figure riante de Teverino.

— Quel est ce nouveau déguisement? s'écria Léonce.

Teverino, pour toute réponse, éleva la main vers le campanile du couvent et montra le cadran de l'horloge, qui marquait l'heure en lettres d'or sur un fond d'azur.

Puis il dit d'une voix creuse, en s'agenouillant comme un pénitent:

— L'heure est passée, ma confession va être entendue.

— Pas un mot! dit Léonce en lui mettant les deux mains sur les épaules, et en le secouant avec une affectueuse autorité. Sur ton âme et sur ta vie, frère, tais-toi! Me crois-tu assez lâche pour t'avoir trahi? Que ton secret meure avec toi; il ne t'appartient pas, et ton cœur est trop généreux pour faire la confession des autres.

— Je ne suis pas un enfant, pour ne point savoir ce que je puis taire ou révéler, répondit le bohémien; mais il est des choses dont j'aurais la conscience chargée si je ne m'en accusais ici; d'autant plus que, sous ce rapport, nous voici trois qui n'avons rien à nous cacher. Écoutez donc, noble et généreuse Signora, la plainte d'un pauvre pécheur, qui vient demander l'absolution à vous et au seigneur Léonce.

Ce misérable, attaché à votre noble ami par les liens sacrés de l'affection et de la reconnaissance, a eu le malheur de rencontrer un jour, au milieu d'un bois, une dame d'une naissance illustre et d'une beauté ravissante. Il ne put la voir et l'entendre sans être fasciné par les charmes de sa personne et de son esprit. Tout en se laissant aller au bonheur suprême de la regarder et de l'entendre, il faillit oublier que Léonce était éperdument épris d'elle, et que lui-même avait d'autres affections à respecter. Il eut la sotte vanité de chanter pour la distraire, car cette admirable dame était triste. Quelque nuage s'était élevé entre elle et Léonce, et elle avait comme un besoin de pleurer en pensant à lui. Le pécheur indigne était passionné pour son art, et ne pouvait chanter sans s'émouvoir lui-même jusqu'à en perdre l'esprit. Il arriva donc que lorsqu'il eut dit sa romance, il vit la dame attendrie, et il eut comme une bouffée de ridicule fatuité, comme un éblouissement, comme un accès de délire. Oubliant ses devoirs personnels, son amitié sainte pour Léonce et le profond respect qu'il devait à la signora, il eut l'audace de profiter de sa préoccupation douloureuse, de s'asseoir auprès d'elle, et de chercher à surprendre une de ces pures caresses qui ne lui étaient pas destinées. Si la noble dame irritée n'eût détourné la tête avec horreur, il allait ravir un baiser qui n'eût pas été assez payé de sa vie. Heureusement Léonce parut, et protégea son amie contre l'audace d'un scélérat. Depuis ce moment, la dame ne l'a plus regardé qu'avec mépris; et lui, sentant le remords dans son âme coupable, voyant qu'à un grand crime il fallait une grande expiation, il a rompu le pacte de Satan, il a renoncé au monde, et, se précipitant dans la paix du cloître, il a pris cet habit de la pénitence que le repentir colle à ses os, et qu'il ne quittera que pour un linceul.

— Voilà un récit très touchant, dit Léonce, et il n'y a pas moyen d'y résister. Sabina, vous ne pouvez refuser votre pardon à une contrition si parfaite. Tendez la main au coupable, c'est moi qui vous en supplie, et relevez-le de ses vœux terribles.

Sabina, satisfaite de l'explication un peu hypocrite, mais infiniment respectueuse du marquis, lui permit de baiser sa main, et l'engagea, en s'efforçant de sourire, de se pardonner une faute qu'elle avait déjà complètement oubliée. Elle insista sur ces dernières paroles, de manière à lui faire sentir qu'elle n'attachait aucune importance au ridicule incident du baiser, et Teverino admira en lui-même, avec une bonhomie malicieuse, l'aplomb d'une femme du monde aux prises avec de si délicates apparences.

— Je suis d'autant plus glorieux de mon pardon, dit-il, que je vois bien que mon crime n'a tourné qu'à ma confusion et au triomphe de l'amour véritable.

— Maintenant, dit Léonce, veux-tu nous expliquer comment tu as dérobé à la vigilance des bons moines cet habit de l'innocence que tu portes si fièrement?

— Cet habit m'appartient, répondit Teverino; il est tout neuf, il me sied, il est commode, et je compte l'user ici.

— Ah çà, trêve de plaisanteries. Je ne crois pas que le diable te tente de prendre le froc?

— Si fait: le diable, en me suscitant cette envie, m'a dit à l'oreille qu'il ne manquait pas ici d'orties pour m'en débarrasser. Devinez ce qui m'arrive! Ma fortune n'est pas brillante et ne répond guère à mon titre de marquis. Vous avez pu, sans indiscrétion, confier cette circonstance à milady. De plus, je suis capricieux comme un artiste, paresseux comme un moine, rêveur comme un poète. J'ai toujours aimé les couvents et rêvé cette vie molle et béate, pourvu qu'elle ne se prolongeât pas au delà du terme assigné par ma fantaisie. Tout à l'heure, en écoutant les novices qui prenaient leur leçon de chant, j'ai fait au prieur quelques remarques judicieuses sur la mauvaise méthode qu'ils suivaient. Il m'a avoué que son maître-chantre était en mission auprès du Saint-Père, et ne reviendrait de Rome que dans deux mois. Pendant cette absence, l'école dépérit et la méthode se perd. J'ai chanté alors un motet à ma manière, et ce bon prieur, qui se trouve être un enragé mélomane, ne savait plus quelle fête me faire. « Ah! Monsieur, me disait-il, quel dommage que vous soyez un riche seigneur! quel maître de chant vous auriez fait! — Qu'à cela ne tienne, ai-je répondu, je m'en vais donner la leçon à vos novices sous vos yeux. »

En moins de cinq minutes, je leur ai fait comprendre qu'ils ne savaient ni émettre ni poser la voix, et, joignant l'exemple au précepte, avec beaucoup de douceur et de modestie, je les ai tellement charmés et enthousiasmés, qu'ils répétaient à l'envi avec le prieur: « Quel dommage de ne pas pouvoir nous attacher un tel maître! »

Bref, j'ai été si attendri de leurs démonstrations, et la vie du moine musicien m'est apparue sous des couleurs si agréables, que j'ai consenti à passer ici les deux mois qui doivent s'écouler avant le retour du maître-chantre. Je me suis fait conduire à l'orgue, que j'ai fait résonner de manière à enchanter mes auditeurs; et enfin me voilà moine pour le reste de l'été: c'est-à-dire que, bien nourri et bien logé, habillé comme me voilà dans l'intérieur du cloître, pour mon amusement particulier, ayant six heures par jour d'une occupation qui me plaît, et le reste du temps pour courir dans la montagne, chasser, pêcher, lire, composer ou dormir, je me trouve le plus heureux des hommes, et je m'identifie avec mon patron Jean Kreyssler, qui se plut si bien dans son asile monastique, qu'il y oublia, entre la grande musique et le bon vin, ses malheurs, ses amours et toutes les choses de ce monde périssable!

— Bravo! dit Léonce, je t'approuve et compte venir te voir souvent; mais je doute que tu restes ici deux mois entiers. Je sais que tout ce qui est nouveau te sourit, et que tout ce qui dure te fatigue.

— C'est vrai; mais quand je prends un engagement, j'y persiste avec scrupule. Tu dois me rendre cette justice que je ne m'engage pas sans conditions, et que je porte dans mes conditions une certaine prévoyance. Je sais d'avance que j'aurai ici du plaisir pour deux mois. Les élèves sont intelligents et doux; il y a de belles voix que j'aimerai à développer. Et puis, il y a dans le chapitre de vieux grimoires musicaux couverts d'une vénérable poussière que je me promets de secouer. C'est dans de telles archives que se trouvent les trésors de l'art et la fortune des artistes.

— Soit! dit Léonce, mais j'ai encore plusieurs questions à t'adresser, et puisque voici le prieur et le curé qui viennent saluer milady, je lui demanderai la permission de t'entretenir en particulier.

Ils entrèrent sous les arcades du cloître, d'où l'on découvrait la campagne, et là, Léonce prenant le bras de l'aventurier :

— Voyons! lui dit-il; tu me parais vouloir mettre un peu d'ordre et de travail dans ta vie. Tu as des facultés naturelles extraordinaires, et je ne doute pas qu'avec ce que tu as plutôt deviné qu'appris, tu ne puisses en peu de temps te faire un sort brillant et acquérir de la réputation.

— Je le sais parfaitement, répondit Teverino, mais cela ne me tente pas.

— Tu n'as donc pas de vanité? Tu mériterais d'être moine!

— J'ai de la vanité, et je ne suis pas fait pour la règle. Je ne serai donc pas moine et je resterai voyageur sur la terre, satisfaisant ma vanité quand il me plaira, me débarrassant d'elle quand elle voudra m'asservir. Car la vanité est le plus despote et le plus inique des maîtres, et je ne prendrai jamais l'engagement d'être l'esclave de mon propre vice.

— Ne peux-tu être un artiste sérieux sans être l'esclave du public? Allons, écoute-moi. Les commencements sont rebutants pour une fierté sauvage comme la tienne. Tes protecteurs ont dû être jusqu'ici injustes ou parcimonieux, puisque tu as la protection d'autrui en horreur! Mais une amitié éclairée, délicate, digne de toi, j'ose le dire, ne peut-elle donc t'offrir les moyens de commencer et d'établir ta fortune? L'argent et l'appui des maîtres sont des moyens nécessaires. Accepte mes offres, viens me trouver à Paris, où je serai dans deux mois, et je te réponds que l'hiver ne se passera pas sans que tu sois à la place qui te convient dans le monde.

— Merci, cher Léonce, merci, dit Teverino en lui pressant la main. Je sais que tu parles dans la sincérité de ton cœur, mais je peux d'autant moins accepter le moindre service de toi, que nous nous sommes rencontrés dans des situations délicates et sur un terrain brûlant. J'ai pu être pendant vingt-quatre heures un modèle de chevalerie, un miroir de loyauté. Mais, quoique je ne sois pas amoureux de milady, l'épreuve a été assez périlleuse et assez difficile pour que je ne désire pas la recommencer. Ne prends pas ceci pour une bravade; je suis certain qu'elle t'aime, j'en ai été sûr avant toi. J'en suis heureux; je m'applaudis d'avoir servi de chemin à une victoire que je désirais pour toi seul; mais nous pourrions nous rencontrer sur le bord de quelque autre abîme, et la pensée que je suis ton obligé, c'est-à-dire ta créature et ta propriété, me forcerait à m'abjurer et à m'effacer en toute rencontre. Je serais ou coupable d'ingratitude ou victime de ma vertu. Et puis, tu ne serais pas longtemps sans renoncer à arranger convenablement l'existence de ton pauvre vagabond. Je me dégoûterais vite de tout ce qui me serait suggéré. En mainte rencontre, je me repentirais d'avoir cédé à la persuasion; je t'ennuierais, malgré moi, des inévitables dégoûts semés sur ma carrière, et je te fatiguerais à me ramener de mes écarts. Enfin, ne fusses-tu pour rien dans tout cela, je ne sens rien qui m'attire vers la gloire tranquille et les revenus assurés par-devant notaire. J'ai vu de bonne heure toutes les coulisses de toutes les scènes de la vie humaine; je pourrais être comédien sur ces différents théâtres; mais à la porte de tous, dans le monde comme sur les planches, il y a une armée d'exploiteurs, de critiques, de rivaux et de claqueurs, que je ne pourrais ni tromper, ni ménager, ni flatter, ni payer. Dieu m'a fait l'ennemi de tout mensonge sérieux et de toute froide supercherie; je ne sais me farder que pour rire, et bientôt, ma vigoureuse franchise prenant le dessus, j'ai besoin d'essuyer mes joues et de me sentir un homme pour tendre la main au faible et souffleter l'insolent. Je n'ai pas d'illusions possibles, et, avant d'avoir vécu pour mon compte, je savais le dernier mot de ceux qui ont vieilli dans le combat. Oh! vive ma sainte liberté! ne rougis pas de moi, sage et noble Léonce! Ta route est toute frayée, et tu y marcheras avec majesté; moi, je ne connais que la ligne brisée et la course à tire-d'aile, comme ma petite Madeleine.

— Et Madeleine, à propos? Voilà où ta philosophie devient effrayante, et ton crime imminent. Hier, tu dormais dans sa chaumière; aujourd'hui, tu t'abrites sous la voûte du couvent; demain, tu erreras sur le pavé des villes; et cette enfant sera brisée, si elle ne l'est déjà!

— Tenez! dit le bohémien arrêtant Léonce devant une arcade, regardez ce torrent qui roule là-bas au fond du ravin. Regardez-le, juste à l'endroit où un pont rustique joint le sentier qui descend d'ici et celui qui remonte sur la montagne en face.

— Je le vois : après?

— Voyez-vous une petite prairie, verte comme l'émeraude, qui se dessine sur le flanc de ces rochers sombres? Le sentier, qui fuit au loin, la côtoie.

— Je vois encore la prairie. Et puis?

— Et puis, il y a un massif de sapins, et le sentier s'y perd.

— Oui, et encore?

— Et au delà des sapins, au delà du sentier, il y a un enfoncement de terrains couverts de bruyères; et puis la cime de la montagne.

— Et puis le ciel? dit Léonce impatienté. Quelle métaphore prépares-tu de si loin?

— Aucune. Vous n'avez pas bien remarqué. Entre la cime du mont et le ciel, il y a une espèce de baraque en planches de sapin, assujetties par des pieux et retenues par de grosses pierres. Avez-vous la vue longue?

— Je distingue parfaitement cette cabane. Je vois même les oiseaux qui voltigent en grand nombre dans le ciel au-dessus.

— Eh bien, si vous voyez les oiseaux, vous savez quelle est cette chaumière, et pourquoi il me plaît tant de m'établir ici, à une demi-heure de chemin, pour qui a d'aussi bonnes jambes que Madeleine et votre serviteur.

— C'est donc là la demeure de l'oiselière?

— Vous pouvez voir maintenant un petit mantelet écarlate, un point rouge, que le soleil fait étinceler, et qui se meut autour de cette misérable cahute. C'est Madeleine, c'est mon petit ange, c'est l'enfant de mon cœur, c'est mon âme, c'est ma vie! Je ne pouvais pas profiter plus longtemps de l'hospitalité que cette fille et son héroïque bandit de frère m'ont offerte, un jour que, haletant, poudreux, abîmé de fatigue, au bout de ma dernière obole, mais insouciant et joyeux de saluer les horizons de la France, je m'étais assis à leur porte, demandant un peu de lait de chèvre pour étancher ma soif. Je leur ai plu, ils ont pris confiance en moi; ils m'ont retenu, je les ai aimés, et je n'ai pu me décider à les quitter, bien que ma conscience me fît un devoir de ne pas ajouter ma misère à la leur. Mais maintenant, quoique je me sois tenu dans les endroits les plus déserts, et que personne n'ait vu de près ma figure, on a distingué de loin la forme d'un vagabond qui s'attachait aux pas de Madeleine ; et Madeleine, compromise dans l'esprit de son curé, serait bientôt forcée de me chasser ou de fuir avec moi. C'est ce que je ne veux pas, et c'est pourquoi, lorsque vous m'avez rencontré au bord du lac, j'allais offrir mes services aux moines de ce couvent, afin de trouver chez eux un abri, non loin de mes braves amis de la montagne. C'est pourquoi aussi je vous ai amenés aujourd'hui en ce lieu, afin d'y prendre congé de vous, et de pouvoir vous y restituer vos beaux habits, sans demeurer nu comme vous m'avez trouvé.

— Vous les garderez pour sortir d'ici quand il vous plaira, dit Léonce, je l'exige, ainsi que l'or qui garnissait les poches de votre gilet. Vous ne pouvez pas refuser le moyen d'adoucir un peu la misère de Madeleine et de son frère.

— Il y avait de l'or dans mes poches ? dit Teverino avec insouciance ; je n'y avais pas fait attention. Eh bien, si vous ne le reprenez, je le mettrai ici dans le tronc des pauvres, et Madeleine en aura sa part ; car je n'entends rien au rôle de trésorier, et je ne veux pas qu'il soit dit que j'aie fait le marquis pendant vingt-quatre heures pour autre chose que pour mon plaisir. Milady a magnifiquement récompensé la petite pour l'amusement qu'elle lui a donné ; Madeleine est donc riche à cette heure, et moi, j'aurai gagné ici, dans deux mois, de quoi subvenir pendant longtemps à tous ses besoins.

— Mais dans deux mois, où iras-tu ? que feras-tu de Madeleine ?

— Je l'aime tant, et j'en suis tant aimé, que, si elle n'était pas trop jeune pour se marier, j'en ferais ma femme ; mais il faut que j'attende au moins deux ans, et, si j'avais le malheur d'en devenir trop amoureux auparavant, elle serait en grand danger. Il faut donc que je la quitte, et même avant deux mois, si mon affection paternelle vient à changer de nature.

— Étonnant jeune homme ! dit Léonce ; quoi, tant d'ardeur et de calme, tant de faiblesse et de vertu, tant d'expérience et de naïveté, une vie à la fois si orageuse et si pure, si désordonnée et si vaillamment défendue contre les passions !

— Ne me croyez pas meilleur que je ne suis, répondit Teverino. J'ai commis le mal dans ma fougueuse adolescence, et j'ai sur le cœur des égarements que je ne me pardonnerai jamais ; mais ce cœur n'a pu se pervertir entièrement, et le remords l'a purifié. J'ai fait souffrir, et ce que j'ai souffert moi-même alors, je ne saurais vous l'exprimer : j'aime le bonheur avec passion, et la vue du malheur causé par moi faillit me rendre fou. Désormais, j'aimerais mieux me tuer que de souiller les objets de mon adoration, et je n'irai pas demander le plaisir à qui possède le trésor de l'innocence.

— Mais tu oublieras cette infortunée, et quand tu la quitteras, son cœur n'en sera pas moins déchiré.

— Si je l'oublierai, je n'en sais rien, dit Teverino d'un air sérieux. Je ne le crois pas, Monsieur, je ne peux pas le croire ; et, si je le croyais, je n'aimerais pas, je ne serais pas moi-même. Il est bien vrai que j'ai brisé plus d'un lien, repris plus d'un serment ; mais je me souviens pas d'avoir été infidèle le premier, car j'ai l'âme constante par nature et par besoin ; et, si je n'avais pas toujours été entraîné dans ces faciles aventures où l'on se quitte sans scrupule, j'aurais pu n'avoir qu'un seul amour en ma vie. J'ai été libertin, et pourtant Dieu m'avait fait chaste ; je me retrouve moi-même au contact d'une âme chaste, et je sens que mon idéal est là, et non ailleurs. Laissons donc le temps marcher et ma vie se dérouler devant moi. Je ne puis m'en faire le devin et le prophète, mais je sais qu'il n'est pas impossible que je sois l'époux de Madeleine, si je la trouve fidèle, quand le temps sera venu.

— Et si elle ne l'est pas ?

— Je lui pardonnerai, et je resterai son ami ; oui, son ami, comme vous ne pourriez pas être celui de lady Sabina, vous qui aimez autrement, et qui mettez l'orgueil dans l'amour.

— Nous allons donc nous quitter sans que je puisse te prouver mon estime et l'amitié vraiment irrésistible que tu m'inspires ?

— Nous nous retrouverons, n'en doutez pas. Si je suis à ce moment-là dans une bonne veine de travail et de tenue, j'irai à vous les bras ouverts : mais si je suis aussi mal vêtu que je l'étais hier au bord du lac, ne soyez pas étonné que je n'aie pas l'air de vous connaître.

— Ah ! voilà ce qui m'afflige et me blesse ! dit Léonce vivement ému ; tu ne veux pas croire en moi !

— J'y crois. Mais je connais trop la réalité pour vouloir cesser de faire de ma vie un roman plus ou moins agréable et varié.

Le curé consentit à accompagner Sabina et Léonce jusqu'à la villa, afin que lord G... n'eût pas sujet de les soupçonner. Mylord s'était réveillé la veille au soir et avait pris de l'inquiétude ; mais il avait bu pour s'étourdir, et lorsque sa femme rentra, il dormait encore,

FIN DE TEVERINO.

PARIS. — TYPOGRAPHIE WALDER, RUE BONAPARTE, 44.

www.ingramcontent.com/pod-product-compliance
Lightning Source LLC
LaVergne TN
LVHW050305090426
835511LV00039B/1496